序　章

（一）　パニックは起き難いか？

パニックと隣り合わせ　〝冬のソナタ〟の人気俳優ペ・ヨンジュンさんが、昨年一一月、日本を訪問した際に、集まっていた約一〇〇〇人のファンが、ホテルから外出のため車に乗ったヨン様の姿を、一目見ようとして殺到し、もみ合って転ぶなどして、一〇人が軽いけがをしたと新聞等で報じられていました。幸い、小さなパニックであったため、この程度の被害で済んだのですが、時と場合によっては多数の死傷者が出るという、いわゆるパニックによる大惨事が発生したかもしれません。

さらに昨年一二月一三日、「ドン・キホーテ」浦和花月店（さいたま市）は放火により炎上し、従業員ら三人が死亡するという悲惨な事件が発生したのですが、一三日夜の出火直後の、浦和花月店の店内では客の悲鳴や怒号が響き、パニック状態になったと報道されています（例えば、一二月一五日付朝日）。

店内でのパニックがどのようなものであったのか、詳しくは伝えられてはいないのですが、しかし、〝圧縮展示〟と言われる見通しの悪い店内、しかも所狭しと商品が置かれた狭い通路で、突然、けたたましい火災警報音が鳴り響き、これに消火や避難に当たる店員の血相変えた行動や怒号が加われば、店内にいた客らが恐慌状態に陥って平常心を失い、狭い店内を悲鳴をあげながら逃げまどうのは当然で、そして、このような状況を想像するのはそれほど難しい話ではありません。

また、新年早々の一月一七日早朝、南米チリ中部の沿岸の町で「大津波が来る」との噂が広まり、住民一万二千人が一時、一斉に避難するという騒ぎがあったと報じられています（〇五年一月一八日付朝日）。六〇年に大地震と大津波に襲われた経験と、昨年暮れのスマトラ沖大地震・津波の大被害の恐怖が、住民の不安を煽ったのでしょう。たまたま港近くにいた漁師の一人が、普段より潮が激しく引いているのを見て、「津波が来る！」と周囲に知らせたため、話を聞いた港の若者らが、住民に「津波が来る！」と叫びながら走りだしたのです。このため噂が一気に町中に広まり、自動車等で高台に避難しようとする人々で大騒ぎになったようです。このパニック騒ぎで女性（六八歳）がショック死し、交通事故も四件起きたそうです。

つまり、これらの事例をみるまでもなく、我々の日常生活においては、いつ、どこで、どんなきっかけで、突然、パニックに襲われるかもしれないという危険を常にはらんでいるのです。パニックの発生は、およそ予想もできないというような希有の出来事ではなく、むしろ、普通の生活においても、いわばパニックは、常に我々と隣り合わせに存在しているものであると極言してもそう間違いではないのです。それだけに、なおさら火災や地震の場合には、パニックは起き易いと誰しもが考えるのではないでしょうか。しかし、残念ながら、火災や地震の場合であっても、パニックはそう簡単に起きるものではない、とする考え方があります。

パニックは起き難いか？　例えば、『人はなぜ逃げ遅れるのか―災害の心理学―』（広瀬弘忠、集英社新書〇四年）のプロローグでは、読者に対して次のような質問が出されています。さて、読者の皆さんはどう考えられるのでしょう？

①　地震や火事に巻き込まれると、多くの人びとはパニックになる。

②　地震や火事に巻き込まれても、多くの人びとはパニックにならない。

答えは②である。

もっとも筆者（森本）は①と考えるのですが、②を正解とする右著者は、その理由を次のように述べています。

「災害や事故に出会って、平常心でいることは難しい。恐れや不安を感じるのは、ごくあたりまえのことだろう。ただそれが、直ちに大勢の人びとが先を争って、お互いがお互いの進路を邪魔する敵のように、互いに踏み付けたり、押しつぶしたりして死傷者を生じるパニックが起こることにはつながらない。つまり、異常行動としてのパニックは、多くの災害や事故ではあまり起こらないのである。パニックはまれだ、というのが専門家の〝常識〟なのである。災害とパニックを短絡的に結び付ける〝常識〟のウソを揶揄して〝パニック神話〟と呼んだりする……」（前掲書一五頁）。

そして、もし、デパートやホテルの防火管理者が、パニック神話の信奉者であって、火災の際に大勢の客がパニックになって大混乱を起こすのを恐れて、火災の発生を知らせるのを遅らせるようなことがあったとしたら、大惨事につながりかねないとして、次のような事例を挙げています。

「たとえば、一九七七年の五月に米国・シンシナティ市の郊外で発生した、米国火災史上で二番目の犠牲者数をもたらしたビバリーヒルズ・サパークラブの大火災で、客がパニックに陥ることを恐れた従業員から客に伝えられた、『ボヤですから心配はいりません』という言葉は、客を安心させるために、意図して火災の規模を実際よりも過小に伝えたわけだが、その言葉を聞いて、客たちは火災を軽く見たため、多くの人び

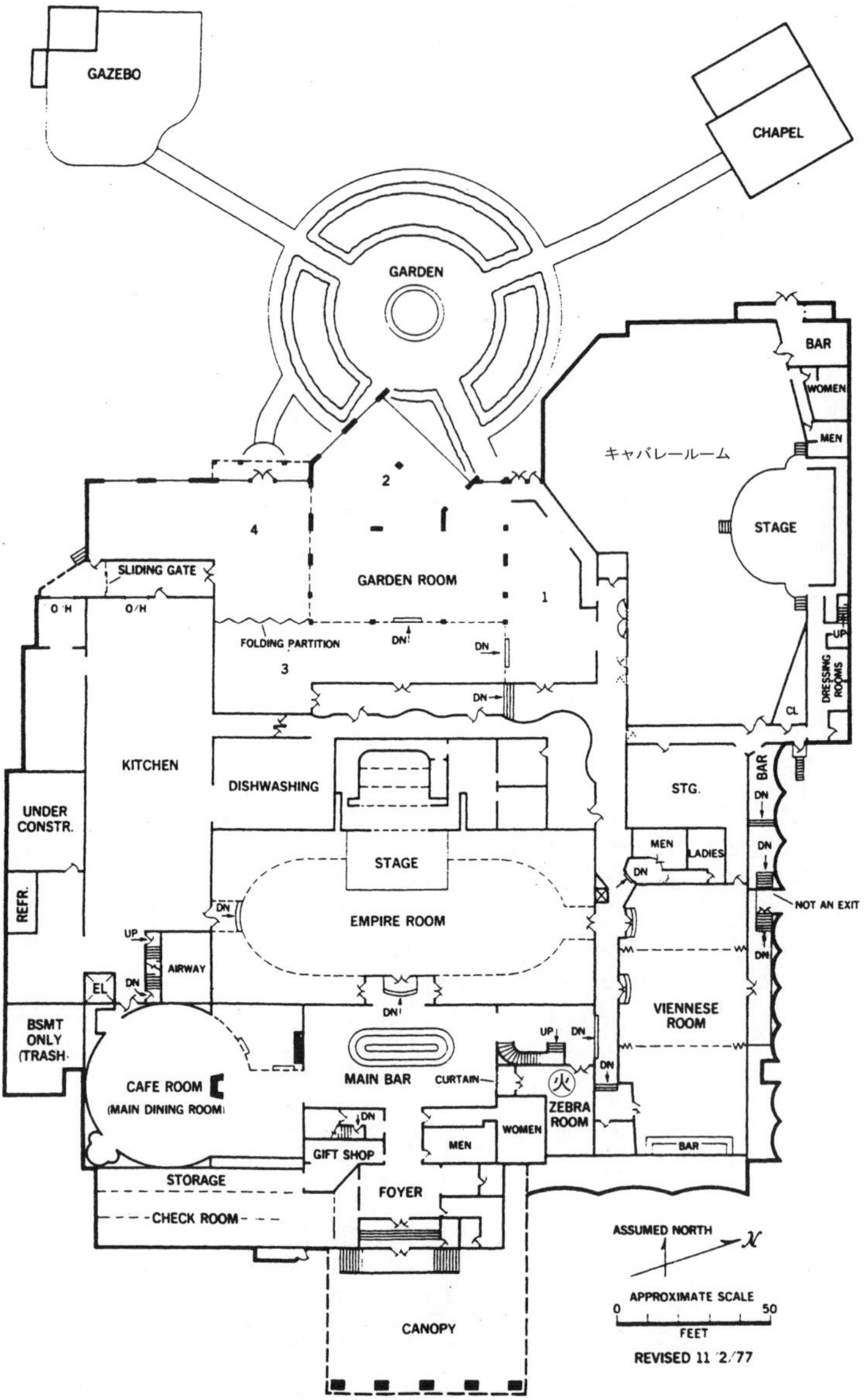

ビバリーヒルズ・サパークラブの１階平面図
(『Inside The Beverly Hills Super Club Fire』より)

とは避難せず犠牲となった。この惨事の原因は、パニックではなく、避難するタイミングを失ったことにある……」(前同一七頁)。

真の原因は？　しかし、この考え方は適切なのでしょうか？　仮に、右著者が主張するように、火災発生と同時に、従業員らが店内の客らに、即避難を呼びかけていたら、四〇〇〇〜六〇〇〇平方㍍の、複雑に入り組んだ平屋建ての建物（一部二階建て）に、当時、二四〇〇〜二八〇〇人が入っていたとされるこれらの人々が、従業員の呼びかけに応じて、濃煙の中、迫り来る炎を目前にしながら、粛々整然として何の問題も起こさずに、静かに避難し得たのでしょうか？

　特に、有名なエンターティナーが出演中ということで、店内の奥まったところにあるキャバレー・ルームは、一二〇〇〜一三〇〇人の人が詰めかけて満員であり、びっしりとテーブルや椅子が並べられ、正面入口から続く長い五〇㍍に及ぶ直線の廊下には、次回のショー待ちの人々でごった返していたとされるのですから、もし、こんな状態で一言でも「火事！」と言う声がすれば、この満員の群衆がどんな反応を示すか言うまでもありません。

　現に一六五人の死亡者のうち一六〇人（九七％）までが、このキャバレー・ルーム付近で死亡しているのですから、この周辺でどのような修羅場が発生したのか、想像するだに膚に粟が生じる思いがします。さらに、火災と同時に店内は煙に覆われ、停電になったとされるのですから、その瞬間に、悲鳴、怒号が闇をつんざき、次にどんな騒ぎになるか容易に想像がつくところです。

　つまり、こんな超過密状態のキャバレー・ルームにおいては、火災発生とともに避難の呼びかけを直ちに行おうと、あるいはそれが多少遅れようと、右のような条件下では、「火事！」の声を聞いただけで群衆が総立ちになり、直ちに数時間前に自分が入ってきた入り口を目指して、脇目を振らずに暴走するのは目に見えています。すなわち、パニックは発生するのです。決して、右著者が言うように、「避難のタイミングを失った」というような単純な理由だけで惨事が発生したのではありません。

さらにまた右著者は、従業員の火災の知らせ方として、次のようにも述べています。

「一人の従業員がキャバレー・ルームの戸口に立って、火災が発生したことを、大声で知らせたのだ。だが、次いで、彼の口を突いて出た言葉は、『ボヤです。火元はここからだいぶ離れていますが、すぐに避難してください』という、なんとも矛盾した警告だった。

出演中のコメディアンが引き取って、

『ボヤですし、建物の反対側のコーナーの火事ですから、危険はありませんが、避難してください。火が消えましたら、またショーを続けます』。

従業員もコメディアンも、一三五〇人もの人びとが、混乱してパニックになるのを恐れたのだ。避難を指示する言葉が緊迫感を欠いていたために、観客の避難はゆっくりしたものだった。中には座ったまま、カクテルを飲んだり、談笑している人びともかなりいたのである。

そうこうしているうちに、突如として、黒煙が室内に噴きこんできたのである……」(前同一三〇頁)。

しかし他の報告を見ると、そのような事実は見当たらないのです。例えば、地元のラコニア消防局のホームページ(http://www.laconiafire.org/)では、サパークラブ火災の概要について次のように述べています。

（二）　サパークラブ火災

サパークラブ火災　……午後八時五〇分。受付の女性が煙の臭いがしたので、不審に思いその出所を探すとゼブラルーム（前図参照）であった。扉を開けるや「中は煙だらけ」で、状況を確認できなかったが、「熱くて、熱くて私の髪をこがすほどだった」ので、彼女は同僚のバーテンダーに火災であることを告げた。

これを聞いたバーテンダーは消火器を掴み、廊下に飛び出したが、ゼブラルームの火勢が強かったので、バーテンダーは直ちに引っ返し、ウエイトレスらに消防局に通報するように言うとともに、大声で叫んだ。「客を避難させるように！」。火炎はうなり声を立てるように、らせん階段を一階に上った。クリスタル・ルームには、ほぼ二〇〇人の客がおり、一斉に主避難口に向かったが閉鎖されていた。しかし、従業員の避難誘導により、苦労しながら一階のキッチンから避難した。

火災初期の段階では、確かに店内では小さなパニックは発生していた。しかし、この混乱の最中でも従業員らは手際よく客らの避難誘導に当たり、そして客らは順次、建物から離れて行った。しかしそれは、キャバレー・ルームの客を除いてである。キャバレー・ルームは、それが建物の東端にあっただけに、火災が発生していることに誰も気付かなかった。しかも、法定の収容人員は五一一人であるにもかかわらず、当日、一二〇〇〜一三〇〇人の客がショーの始まるのを待っていたのである。厚いたばこの煙が空中に漂っていた。場内は興奮し、そして期待に満ちていた。しかし、客の着いたテーブルは押し合いへし合いで、慌てて準備された椅子は舞台に続くランプにも並べられた。そして、キャバレー・ルームの外の廊下には、長い人の列がよい席を求めて次のショーを待っていた。

午後九時数秒過ぎ、場内の従業員の一人が火災を知った。彼は直ちに行動に移り、舞台の上に飛び上がって叫んだ。「小さな火災が発生しました」。そして人々に直ちに避難するよう求めたのである。人々は一瞬ためらったようであるが、やがて立ち上がり、従業員らの指示に従って、小さな三つの非常口を目指して動き始めた。その瞬間、周囲の様相が一変した。火災は最も抵抗の少ないコースを取ったのである。すなわち、ゼブラ・ルームからキャバレー・ルーム目指して、長い直線の廊下を火が走った。たちまち、場内は厚い煙に覆われ、油じみた黒い煙がダクトを通じて広がった。

「ヒューヒューという大きな音が聞こえると同時に、炎と煙が渦を巻いて部屋に入ってきた。煙の黒さは今まで見たことのないようなものであった」と生還者の一人は言う。そして〝火の玉〟が部屋中をなぎ倒して行ったとも……。

照明が着いたり消えたりして、そして消えた。直後にパニックが始まった。人々は悲鳴をあげ、押し合いながら非常口に向かった。邪魔な椅子やテーブルが投げつけられた。何人かはテーブルの上から上へと、他の人々の上を越えながら飛び跳ねて行った。結果的にはキャバレー・ルーム内の火災最高温度は、華氏の二〇〇〇度にも達した。死者の多くは煙による窒息死であった。他の人々は強烈な火炎により、遺体は焼き尽くされた……。

彼はヒーローー！ キャバレー・ルームの客が従業員により火災が知らされた状況については、さらに詳しく次のような報告（Ron E.Ellicot, inside the supper club FIRE, Tunner Publishing Company,2000）があります。

「……一〇代の従業員であるウォルター・ベーリーが火災に気付いた。彼は廊下を走り出した。そして大声でバーの人々に警告し、次いでキャバレー・ルームを目指した。ビーナス・ルームを通り過ぎ、そこにいた同僚の一〇代の従業員に、周りの人々を避難させるように大声で言った。この従業員は直ちにそれらの客を安全に避難させた。

ウォルターはキャバレー・ルームに近づくと、次のショーを待って廊下に並んでいる人々に出会った。彼は人々に、この建物で火災が発生していること、直ちに近くのガーデン・ルームを通り抜けて、外部に避難するよう話した。彼等は警告を聞くや一列になって避難しだした。そして彼はキャバレー・ルームに入った。そこではコメディーが演じられていた。

彼は女性係員に近づき火災が発生していることを知らせた。一八歳になるこの少年が決定を下したのである。彼は舞台に上がりコメディアンからマイクを取り、そして観客に知らせたのである。『建物の他の端で小さな火災が発生しています』。ウォルターは冷静な声で静かに話した。そして観客に落ち着くように言うとともに、直ちに避難するようにとも言った。そして、舞台の両脇にある出口を示し、部屋の後ろにもう一つの出口があることを教えた。幾つかの記録はこの時間を午後九時八分頃としている。彼のこのような行為が、やや躊躇したように取られたのであるが、彼自身にはそんなつもりはなかった。

彼の行動は彼一人で考えたものか、後で問題になった。バーテンに命じられたという者もいたからである。私（注・前掲報告書の著者）の個人的意見によれば、彼は一人で考えて決心したものと思う。疑いもなく、この少年の行動で多くの人の生命が救われたのである。彼はいろんなことを考えねばならなかった。だから彼は、火事は『小さい』と言い、そして『建物の他の端』と言ったのである。彼は単にパニックを避けようとしただけだと私は心から思っている。批評家は、彼が何が起きたかを正確に述べたということを見逃している。私に言わせれば、ウォルターは真の勇気を示したのである。ヒーローなのである。

不運にも観客の多くは、せっかくのウォルターの警告を真剣に聞かなかった。何人かは彼の警告をコメディの一つ、ジョークと考えたのである。室内の温度は通常で煙の量も平素と変わらなかった。しかし、多くの人は出口に向かい始めた。しかしまた、残った人も多かった。カクテルを飲みながらショーを待ったのである……。

燃えるサパークラブ（ラコニア消防局ホームページより）

相反する評価？

『人はなぜ逃げ遅れるのか』の著者によれば、右のウォルター少年の行動は、避難のタイミングを失わせた元凶と目されるのに対し、『inside the supper club FIRE』の著者は、彼はヒーローとするのですから、その評価は全く相反しているということになります。

しかし、既に述べたように仮に、ウォルター少年が血相を変えて舞台に上がり、マイクを片手に「火事だ!火事だ!」と連呼していたら、どうなっていたのでしょう。即パニックの発生は必定です。このことを否定できる理由はありません。それが事実であれば、一八歳の少年にしてはよくやったものと言うべきで、すなわち彼は、この状況において、最適・最善の手を打ったということになるのではないでしょうか。ヒーローと称されるのも、むべなるかなとの思いがします。
読者の皆さんはどう考えられるのでしょう?

(三) パニックは容易に起きる

本火災の教訓　以上がサパークラブ火災の概要なのですが、パニック発生の瞬間の記述など、鬼気迫るような感じさえします。読者の皆さんも右の各火災報告等から、パニックは起こるべくして起こったように思われるのではないでしょうか。

決して一人の従業員が意識的に避難を遅らせたことによって〝惨事〟が発生したのではありません。一六五人の死者のうち、一六〇人がキャバレー・ルーム周辺で死亡しているのですから、パニックが発生した(これは生還者の証言で明らか)ことによって、この惨事がもたらされたといっても疑いはないはずです。だからこそ、右の火災概要には本火災の教訓として次のような点が挙げられているのです。

1非常口　……NFPA(米国防火協会)の火災後の調査によれば、不適切な非常口及び内装材を含む幾つかの大きな法令違反があったこと。火災当時のケンタッキー州の〝生命・安全〟法令に、適合しておれば、このような大規模な火災被害は避けられたこと。キャバレー・ルームにおける非常口の不足は深刻で、ここで多くの犠牲者が発見された。

2有毒ガス　犠牲者の多くは、座席のクッション等の可燃物が燃焼することによって生じた有毒ガスによって死亡した。

③スプリンクラー　このナイトクラブにはスプリンクラーは設置されていなかった。一九七七年以後、収容人員三〇〇人以上の公衆集合施設については、自動スプリンクラー設備が義務化された。

④アルミニューム電線　本火災の犠牲者の弁護士らは、ゼブラ・ルームの火災の原因は、旧技術によるアルミニューム電線の過熱によるものと信じている。一九八五年、一一週間にわたる民事訴訟の結果、連邦裁判所は原告主張を容認している……。

容易に発生するパニック　以上のようにサパークラブ火災の惨事の実態を振り返ってみると、出火原因、出火箇所、火災の発見の遅れ、建物構造、消防用設備等々いろいろな要因が複合した結果、パニックが発生し、それが悲惨な大量死を招く最大の原因となったと言えるのであって、従業員が意図的に火災を過小に客に告げた結果（事実かどうかも問題）、避難時期を失ったという単純な理由によるものではないことは明らかなのです。

つまり、火災や地震の際のパニックは、そう容易には起きないものであるという考え方は、かえって、パニックの被害の大きさを軽視し、発生要因を矮小化し、パニックの持つ真の恐ろしさを歪め、その結果、採るべき対策や防止策を怠り、このため、次の大惨事を招きかねないということになりかねません。サパークラブ火災は一九七七年でした。しかし、ほぼ三〇年後の現在においても、米国では相も変わらず同じように、ナイトクラブで悲惨極まるパニックにより大量の死者を出しています。なぜなのでしょう？　答えは明らかです。パニックに対する備えが甘かったからに外なりません。次章では、つい最近発生した米国のシカゴ市と、ロードアイランド州で起きたナイトクラブのパニックの事例二例を紹介しますが、そのうちのシカゴの事例では、火災でもないのに、ほんのちょっとしたことが引き金となって、大パニックが発生しています。

「ほんまかいなー」と思わず言いたくなるような些末な出来事から大惨事が起きるのです。

同様に我が国でもパニックを甘く見れば、この轍を踏むことは間違いはありません。常住座臥、いつもパニックとは〝隣り合わせ〟というくらいの危機感を常に持つことが、パニックから逃れる唯一の方法であり、しかもそれが即対策ということになるのです。それを次の二つの事例が教えているのです。

第一章　ちょっとしたことからパニックは起きる！

―米国ナイトクラブのパニック事故二例―

（一）　ナイトクラブ〝E2〟（シカゴ）で喧嘩によりパニック発生、二一人圧死！

①　パニックは二人の女性客の喧嘩が発端

パンチと刃物　二〇〇三年二月一八日、午前二時半頃、シカゴ市南部にあるナイトクラブ〝E2〟の一階主出入り口付近で、先を争って逃げようとした客らによってパニックが発生、屈強の男たちが階段で転倒した女性客らを踏み付けて通るなどしたため、客ら二一人が圧死するという痛ましい事件が発生しました。当時、有名レストランの二階にあった〝E2〟では、男女のダンス客などで満員だったのですが、別に火災が発生したわけでもないのに、ほんのちょっとした出来事が引き金となって、群衆の暴走を招いてしまったのです。この間の事情については地元紙のシカゴトリビューン、スコッツマン等のホームページに、かなり詳細に掲示されているので、以下これらからその概要を紹介することにします。

……ダンスをしていたレークシア・ブラックウェル（二〇歳）は、二人の女性が喧嘩を始めるのを見ていたという。一人がパンチをお見舞いすると、もう一人は、ボックスカッターと思わしきもので刺した。血が流れ「彼女は相手を離さなかった」と言う。たちまち男たちが二手に分かれ大騒ぎになった。

不適切な場内放送？ ディスク・ジョッキー係をしていたボーン・ウッズは、クラブの端から離れたやや高いブースでレコードを回していたが、彼のいた場所から一〇人ほどの男が殴り合いをするのを見て、直ちにマイクで店の警備員らに止めさせるよう放送した。しかし、生憎と警備員は満員のダンスフロアーの反対側にいて、現場に行くのに多少手間取ったのが、ますます騒ぎを大きくした。完全な大喧嘩になったのである。「多くの男たちが殴り合いを始めたので、逃げ出さずにはおれなかったわ」と、レークシア・ブラックウェルは言う。

しかし、ウッズによると、二〇代の客の多い〝E2〟では、普通の喧嘩だったという話である。この喧嘩が始まった際、VIPバーの近くにいたナターシャ・ギブンス（二五歳）は、ウッズが放送で「スプレーを撒け！　ぼくのパーティーを台無しにするな！」と叫んだのを聞いている。ウッズはこれを否定する。しかし彼は鋭いジョーク「来週はガスマスク持参で来てください。お支払いは五〇％オフ」と、言ったことは認めている……。

ディスク・ジョッキーの係なのですから、この程度のひねりは確かに不適切ではあったのですが、しかし、ジョークとしては許される範囲ではないでしょうか。しかし、それより問題だったのは、この放送を聞いて現場に駆けつけた警備員の採った措置だったのです。

② スプレーの粉末を煙と誤認？　そしてパニックが！

刺激臭のあるスプレー　……キャリサ・ハワード（二六歳）は、五〇〇人が踊りに酔い痴れている部屋に、危険を告げる司会者の場内放送が聞こえた時、何をすべきかを知った。彼女は急いで出口に向かった。彼女と友人たちは〝Ｅ２〟の混乱には慣れていた。時々喧嘩が起き、警備員らはしばしば刺激臭のあるスプレーを使っていた。しかし、月曜日の未明の〝Ｅ２〟の様相は違っていた。

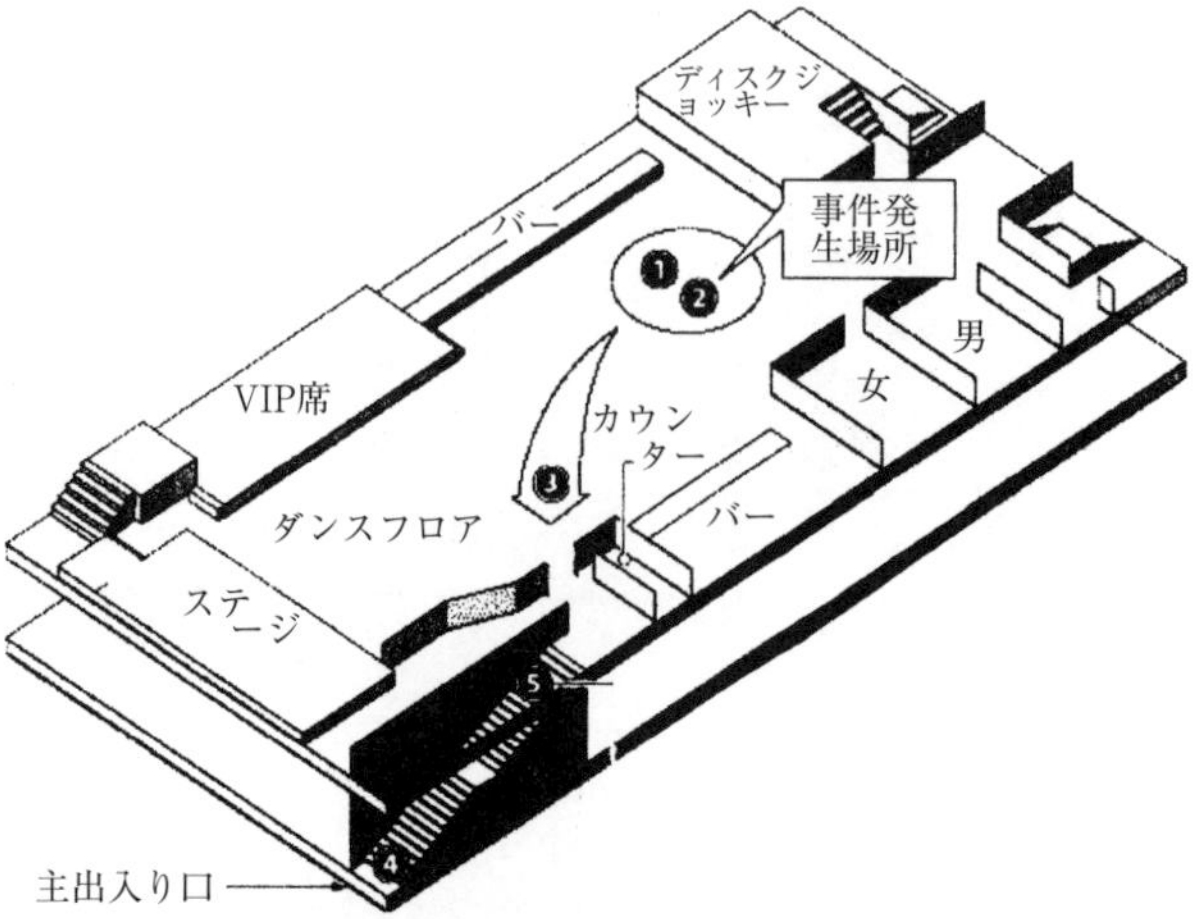

ナイトクラブ〝Ｅ２〟の概略図
February 18, 2003
Copyright © 2004, Chicago Tribune

ダンスをしていた群衆の中で揉め事があり、それが喧嘩になり、その喧嘩が、一つの出口を目指して暴走する群衆の踏み付けによって死を招く元になった。

警備員は缶入りのスプレーを携行しており、彼等がこの喧嘩にスプレーを使用したことが、暴走が始まる発端となった。スプレーの粉末は火災の煙のように見え、周囲の人々の喉と肺を刺激した。この喧嘩は強烈であったが、群衆の層は厚く、現場にいた人々は何が起きたのかよく分からなかった。

暴走が始まる！　ハワードと友人は、避難には十分な出口との距離にいた。しかし、彼等が外に出ようとすると、ドアをぴしゃりと警備員が閉めた。人々は叫び出した。「私の友人が外にいるんだ」。そしてドアに向かって走り出した。そしてドアをドンドン叩き、開けるよう懇願した。混乱した群衆が新鮮な空気を求め、喉を刺すような刺激臭から逃れようとしてパニックが始まりそして拡大した。

ハワードが恐れていた最悪の事態が起き始めた。出口付近で倒れた人を踏み付けて通り出したのである。最初に妊婦が階段で転倒し、人々はその上を踏み付けて通った。「赤ちゃんが産まれそう、赤ちゃんが産まれる！」とすすり泣くのもかまわずに。さらに人々は押し寄せてきた。これらの中の一人であったニコラ・オートリー（三〇歳）は、この様子を見て話し合おうとした。しかし、逃げるのに押し合いをしなければならなかった。オートリーは言う。「人の上に人がおり、周囲は人々の〝助けて！〟という声に満ちていた。私は手すりをしっかりと両手で握っていた。ひとたび手を離して下に落ちたら、二度と上がって来れないことが分かっていたから」。

踏み付けを避けようとして、階段の下にいた警備員らが、人々に対して戻るように指示し始めた。しかし、パニック状態の群衆は、戻り始めた人々に対しても押すことを止めなかったのである。さらに、警備員は一階に通じる階段のところで、互いに鎖のように手を繋いでブロックしたが、群衆は苦もなくこれを突破した……。

③　警備員の重なる不手際が原因か？

原因は調査中？　ナイトクラブ〝E2〟のパニックについて語る右の地元紙の内容はかなり詳細で、かつて、パニックの発生について、これほど明確に述べられている事例はそうないのではないでしょうか。しかし、残念ながら関係当局は未だこのパニックの直接の原因については決定しかねているようです。「……監督官は踏み付け事故がどのような順序で何が引き金になったか、『複雑なパズルのようなものだが、我々としてはまとめなければならないし、また、まとめようと試みている』という」（前同紙）とされるようです。

しかし、右の内容からすれば、パニック発生の因果関係は、ほぼ明白だと言えそうです。まず、問題は収容人員で、消防局によるとナイトクラブ〝E2〟の収容人員は、事故後、三二七人であると発表されたにもかかわらず、当日は五〇〇人～一〇〇〇人が入っていたとされるのですから、これは緊急時の避難上極めて危険な状態であることは言うまでもありません。

次いで問題は、女性客二人による派手な喧嘩の発生、それにいいところを見せようとした取り巻きの男たちの無分別な争い。そこに無神経にも（イリノイ州の法律では、警備員が刺激臭のあるスプレーを使用するのは合法であるが、ナイトクラブにおける大勢の群衆の中での使用は「誤った判断」と言われている）、多量の刺激臭のあるスプレーを使用したことでしょう。

このような騒ぎを目先の利く客らが見ていて、早めの避難をしようとした動きが、おそらく群衆行動の最初の引き金となったのでしょう。ところがその群衆の圧力を一挙に高めたのは一階の主出入り口の警備員による閉鎖です。「……突然、喧嘩が始まった後、警備員たちは出口に向かい、混乱状況を終息させようとして、誤って閉鎖してしまった」というのですが、これはおそらく、料金を支払わずにこれ幸いと逃げ出す客を防止するためだったのでしょう。

これは別に勘ぐりでもなく、現に同様の事故が発生しています。二〇〇四年八月一日、南米パラグアイの首都アスンシオン郊外の大型スーパーで火災（四一七人死亡）が発生した際、スーパーマーケットの所有者の息子は、人々が支払いをせずに逃げ出すのを防止するために、武装警備員に対して出入り口のドアを閉鎖するように命じたと伝えられています。もっともこのために、スパーの所有者と息子の二人は故殺及び避難妨害の罪で告発されたのですが――（『ＮＦＰＡジャーナル』〇四年一一月～一二月号四二頁）。

救出された買物客（写真：ウルティマ・オーラ）

パニックは防止し得た！　右のような一連の因果関係の連環の中では、どれか一つの事実が無ければパニックという結果発生はなかったのですが、しかし、いずれにしても、どのような因果律であろうとも、パニックは起きるものであるということを前提に防止対策を、防火管理関係者は平素から樹立しておく必要があるのは言うまでもありません。従って、地震や火では、容易にパニックは起きないなどと考えていると、大きな誤りを犯すことになりかねないのです。

〝Ｅ２〟火災について、シカゴ市消防局長が「真っ先に調査するのは、消防法規等に違反があるかどうかである。これらの違反で最も多いのは、非常口のドアの閉鎖、又は施錠である。我々はビル所有者がなぜ、このようなことを許しているのか理解できない」とも言っています。しかし、これは逆に言えば、シカゴ消防局の怠慢を天下に公言しているようなもので、よくぞまあ、そんな危険な状態の防火対象物を、野放しにしていたものだということと同義語だからです。

もっとも、我が国でも近時、風俗店で多くの死者を出すという悲惨な事例があったのですから、あまり他人様の悪口を言えた義理ではないかもしれません。しかし、いずれにしても、右のように非常口を適正に管理することも、パニック防止には必要なことではあるのですが、しかし、この事故で最もパニックの直接的原因となったのは、何と言っても収容人員の三倍近い客を店内に入れたことです。

もし、適正人員であれば、ダンスフロアで人間同士のテリトリーも適正に確保され、群衆の中で喧嘩も起きず、スプレーも散布されず、平穏に客らは音楽とダンスを楽しんだに違いありません。だとすると、経営者の頭の中で、パニックの真の恐ろしさが理解されておれば、こんな無謀なことはしなかったはずなのです。

次の事例も同様のことが言えるのです。

(二) ナイトクラブ〝ステーション〟火災(ロードアイランド)でパニック発生、一〇〇人死亡！

① 花火の打ち上げで舞台から出火！

防音材に着火　シカゴの〝E2〟事故から僅か二日後の二〇〇三年二月二〇日(水)の夜、ロード・アイランド州ウェスト・ウォーウィックのナイトクラブ〝ステーション〟で花火による火災が発生、逃げ遅れた客らがパニックにより、一〇〇人が死亡、一八〇人以上が負傷するという何とも痛ましい事件が発生しました。インディ・ミュージックコムのホームページがこの間の事情を掲示しているので、次にその概要を紹介することにします。

……ナイトクラブ〝ステーション〟では当日の午後一一時過ぎ、ロックバンドの〝グレート・ホワイト〟が、舞台で使用した花火がステージ背後の防音発泡材に着火し出火した。火災は急速に天井に延び、クラブ全体に拡大するとともに、三六〇人の客を襲った。照明は消え、厚い有毒性の煙が広がっていった。出口は押し寄せた群衆でパニックになり、閉鎖されたような状態になった。

翌早朝、バンドの一人であるジャック・ラッセルは、ＴＶのリポーターにバンドの花火の使用は許可を得ていたと話した。しかし、クラブの経営者はこれを否定している。花火の使用については契約書には記載されておらず、屋内における花火の使用許可も当局から得ていないと主張し

ロビーから待避する人々

ロビーの煙の状況

非常口から避難する人々

ている。

ショーと勘違い？　ジャック・ラッセルの話によると、バンドのライブ・ショーで二五年間も花火を使用してきたが、何の問題も起きなかったという。彼は使用された花火については、チューブから〝火の玉〟を打ち出す種類の、大きな花火〝ガーブス〟型だったとしている。火災は最初の歌が始まった時に使用された、〝ガーブス〟が、ステージの背後の防音発泡材に着火し出火したことは明らかである。火災は数秒以内に天井に拡大した。多くの観客は、ステージ背後の火はショーの一部分と思いこみ、バンドも演奏を続けた。

ナイトクラブ〝ステーション〟火災（花火が原因）

　地方ＴＶ局のブライアン・バトラーは、皮肉にもナイトクラブの安全性を取材のために撮影をしていたが、このため火災発生時の状況を記録することができた。彼のカメラは、火災を舞台の特別効果と勘違いして、観客が失った貴重な数秒を克明に記録している。観客が暫くして火災だと知ったときは既に遅かったのである。場内の照明は消え、煙が満ちた。このクラブは初めてという客が多かった。彼等は入った時と同じ出入り口を目指した。僅か三人のみが他の出口から避難した。多くの人びとは正面の出入り口に殺到し、そしてパニックが起きた……。

②　パニック発生！

一瞬で発生！　さて、そのパニックが発生した時の状況については、次のような報告（CNN. com）があります。

……観客は総立ちになった。そして火災を見、さらに視線は何気なく出口の方に向けられた。その瞬間、パニックが始まった、とビデオ撮影者のバルターは言う。バンドのメンバーも舞台から飛び降りて群衆に混じり、出口を目指して走り出したのである。「場内は真っ黒な煙に覆われ、我々はその中で苦しい呼吸をした。常連客の一人であったリサ・シーアは言う。「あの時私は地面に突き飛ばされ、人々は私の背中を、頭を踏むの……。私は頭を抱え込んだわ。そして叫んだ。『私は死にそうよ！』。お母さんのことしか思い浮かばなかった。そしてまた叫んだの。『私を起こして、起こして！』と……」。ビデオは、出口から逃げようとして人々に押され、次々に折り重なるように倒れて行く様を写し出している。

主出入り口に殺到！　チャリー・ホール消防局長は、この建物全体では四つの出口が機能していたが、殆どの遺体は正面出入り口付近で発見されている、と言う。火災が死亡の〝主原因〟であるとも。

「緊急時の人間の行動というものはそういうものだ。彼等は皆、店に入った時の、同じ出入り口から出ようとした。そしてパニックが起きた。それが問題なのだ」と、ホール消防局長は言う。そして、他の三つの出口は蓄電池式の誘導灯が設置されていたが、人々はそれを見ることができなかった、とも言う。その理由は店内の可燃物、例えば、板壁、防音材、吊り天井等が燃え、その強烈な濃煙によって視界が遮られたとする。

さらにホール消防局長は、建物の収容人員は三〇〇人であったが、当日はかなり下回っていた。そして〝ステーション〟は最近の消防の査察には合格しており、僅かの違反は是正されていたとも言う。

③　火災によるパニックの防止対策

ディスコ火災（アルゼンチン）　〝ステーション〟火災のパニックは、既に述べたナイトクラブ〝E2〟のパニックと異なり、その死者一〇〇人は、いみじくもホール消防局長が言うように、「火災が死亡の主原因」とされるのですから、火災さえ起きなければパニックは発生せず、死者もまた出なかったことになります。そうすると、火災を未然に防ぐにはどうするかということになれば、現在のところ、消火設備でその信頼性の最も高いのは、スプリンクラー以外にはないのですから、従って、とりあえずナイトクラブにはスプリンクラーを設置させることにより、パニックによる大量死者を出さないというのが当面の対策になりそうです。消火の成功率が高く、かつ消火が人間の手を借りず、自動的に行われるスプリンクラーの設置が実行されない限り、今後も同じような事故が繰り返し起きるのは避けようがありません。現に最近右の、〝ステーション〟火災と瓜二つというような火災事故が起きています。

〇五年一月一日付の朝日によると、一二月三〇日午後一一時過ぎ（現地時間）、アルゼンチンの首都ブエノスアイレス中心部のディスコ〝レプブリカ・デ・クロマニヨン〟でロックグループが演奏中、天井に向かってロケット花火があがり、幕などから出火、あっという間に燃え広がって停電、折から店内には五〇〇〇人近くの人がいたということもあって出入り口でパニックが発生、一七五人が死亡、六〇〇人以上が負傷したと伝えられています。

スプリンクラーの効果！　何とまあ、〝ステーション〟火災と酷似した火災事故が相次いで起きるものだと、ただただ寒心するばかりですが、しかし、いずれの場合でも、もし、スプリンクラーを設置しておれば、このような惨事は発生しなかったのは確かなのです。そのことは、次のような同じナイトクラブ火災でも、パニックは起きず、死者も発生しなかったという事例が証明しています。

例えば、〇三年二月一七日、ミネアポリスのダウンタウンにある〝リン・ミュージック・カフェ〟で、出演中のバンドが、アンコールに応じて花火を使用したところ、天井に着火し火災となって一五〇万ドル《ドル》に及ぶ損害を出したのです。しかし、人身事故が起きなかったのは、クラブの関係者がいち早く一二〇人の客を避難させたのと、スプリンクラーが作動して早期に火災を消火したからだとされています。

この火災と全く同様の〝ステーション〟火災でも、もし、スプリンクラーが設置されておれば、火災は早期に消火されてパニックは起きず、史上最悪の火災の一つにならずに済んだはずなのです。しかし、〝ステーション〟は、ナイトクラブとしては規模が小さいという理由で、残念ながらスプリンクラーの設置義務は免除されていたのです。当然のことながら、ナイトクラブ〝E２〟及び〝ステーション〟火災以後、これらの類似施設に対する消防上の規制が強化されたのは言うまでもありません。

（三）パニック防止のための規制の強化と個人のパニック対策

①　スプリンクラーから避難管理者まで

NFPAが主導　我が国では、悲惨な火災事故が発生すると、直ちに消防関連法規を総務省消防庁が鋭意改正して、規制強化を図るというのが日本流なのですが、米国はこれと違い、全米を連邦法で統一的に規制するのではなく、NFPA（米国防火協会）が基準ないし準則を作成し（この作成検討委員会には各消防長等も参加している）、これに基づいて州法ないし条例で規制強化するという方法がとられています。

今回のナイトクラブ〝E2〟及び〝ステーション〟火災の後も、集合施設等の技術委員による特別会議がもたれて、現行のNFPA五〇〇〇―ビル建築と安全準則―を、どのように改正するか議論されたようなのですが、しかし、とりあえず一時的な改善案として次のような対策が採られています（『NFPAジャーナル』〇四年一月～二月号五三頁）。

スプリンクラーの設置拡大等　一部の委員から、収容人員五〇人以上の既存のナイトクラブ様の建物には、スプリンクラーの設置が必要と主張されたのですが、火災モデルによっては、客が少人数ではナイトクラブのような建物でも、火災の際には避難許容時間内に避難が可能であることが分かったので、結局、既存で一〇〇人以上の収容施設及び新設のナイトクラブ並びに、これと類似の集合施設については、スプリンクラーの設置義務があるとされたのです。

さらに、避難管理の問題として、ビルの所有者に非常口の避難障害について注意を払うようにし、その結果を記録すること。また、全ての集合施設では、少なくとも一人の避難管理者を選任すること、多くの人が集まる場合には、二五〇人に一人の割合で避難管理者を増やすこと等を義務付けている。また、安全が確認されない二五〇人以上の人が入る催し物は禁止されることにもなったのです。

ノーモア・パニック　これを受けてロード・アイランド州では、NFPA一及び同一〇一が採用されて、新設及び既存の建築物に改正州法が適用され、従来の既得権は認められないようになったのです。さらに、NFPA一一二六―花火規制―も採用されたので、大施設における室内花火についての規制が行われるようになっています。

そして右のNFPAの記事は最後に次のように言っているのです。（改正は）「……確かに失われた生命を取り戻すことはできない。しかし、以後、音楽の愛好者がナイトクラブでバンドの演奏を聞きながら踊る際に、NFPAのホームページは、彼等に暗闇の中で、最も近い非常口を教えているかもしれないし、クラブのマネジャーに対して、ショーの開始前に勇気を持って、公衆安全についての注意が客に対してできるようになるかもしれない。準則の改正は社会意思の反響であり、二度と〝E2〟及び〝ステーション〟のナイトクラブ火災を繰り返してはならない」。

②　パニックに遭わないために！

パニックは起きる！　以上のように最近、米国等で相次いで発生した、ナイトクラブの火災等によるパニックで、大勢の人が大勢の人によって殺されるという実に無惨な事例を紹介したのですが、これらからも分かっていただけるように、ちょっとした引き金によって実に容易にパニックは発生しています。決して、「火事や地震に巻き込まれても、多くの人びとはパニックにならない」と言えるようなものではありません。

だからこそ、これらのナイトクラブにおいて発生したパニックを契機に、全米で州法や条例が改正されて、公衆集合施設等の消火設備等の規制が強化され、何とかこれらの施設から、火災等によるパニックが発生するのを防止しようと、関係者らが懸命の努力をし最善を尽くそうとしているのです。もし、論者が言うように簡単に火災等からパニックが発生しないものであるのなら、これらの規制はいったい何のためのものかということになりかねません。

しかもNFPAの公教育部は、単に準則等の改正ばかりでなく、ナイトクラブ等を利用する場合の、個人のいわば〝心がけ〟といったことを次のように強調しています。これは当然我が国においても通用しそうなものばかりです。

ご安全に！　「毎日、人々は朝起きて仕事や学校に行き、社会の一翼を担う。しかし、全ての人々にとって突然予期しないことが起きる。それは地震であり、火災であり、化学薬品の散布であり、あるいはテロ攻撃であり、他の諸災害である。日常が劇的に変化し、人々は突然、如何に生命や日常の在り方が脆いものか思い知らされる。災害は長引き、重い負傷やあるいは生命さえ失いかねず、そして財産にも大きな損害を被る恐れがある。人々は、いかなる公衆集合施設に入る場合にも、非常時に備えなければならない」、という前置きをして、以下のようなことの実行を求めています。

1 入るべきか？

・**よく見ること。**　その建物が安心できそうかどうかよく確かめること。主出入り口は広いか、容易に外側に開放できるかどうか。出入り口付近に物が置かれていないかどうか、あるいはロックされていないか。

②入る前に

- **連絡計画を立てる。**　緊急時における友人との連絡方法を事前に確認する。家族についても同様である。
- **会合場所の設定。**　もし、災害に遭った際に、家族や友人らとが外部で会合できるような場所を予め選定しておくこと。

③入った時

- **非常口を直ちに確かめる。**　建物に入ったら利用できる非常口を確かめること。それが明確に表示されているかどうか？　前後にどのような非常口があるかどうかも。常に近くに非常口があるかどうか（主出入り口が使えない場合がある）。
- **避難経路の確認。**　主要通路は十分に広いか、あるいは椅子等の障害物が置かれていないかどうか、さらに近くの非常口が鎖等でブロックされていないかどうかチェックしなければならない。もし、二方向避難が確保されていないようであれば、管理者にその違反を知らせ、それが直ちに是正されなければ、建物から退去する必要がある。そして消防当局に違反是正を求めなければならない。
- **安全を感じる？**　その建物の収容人員をオーバーしていないかどうか。火源となる〝ろうそく〟や、〝たばこ〟が放置されていないかどうか。あるいは花火やその他の火源が安全と思えるかどうか。消防用設備等―スプリンクラーや警報設備―が設置されているかどうか。場合によっては管理者に説明を求める。もし、それで安全と思わなければ、直ちにその建物から退去すること。

4 緊急時に

・直ちに行動。 もし、警報が鳴れば、あるいは煙を認めたら、または他の異常を認めたら、主出入り口に拘泥せず、記憶している最も近い出口から、直ちに慌てずに建物から退去すること。

・直ちに避難、再進入は厳禁。 ひとたび避難したら、そこに留まること。燃えている建物には絶対入らないこと。消防隊の指示に従うこと。

以上いずれも、もっともなことばかりですが、と言って別に目新しいことを言っているわけではありません。しかし、問題点があれば店の管理者に指摘せよ、といった点などは、日本人にはなかなか出てこない発想ではないでしょうか。それにしても、火災になりそうな火源にも目を配らなければならないなどは、ナイトクラブに楽しみに行くのではなく、決死の覚悟で、あるいはあたかも消防職員が査察に行くような趣きですが、しかし、これほどの注意深さがなければ、ある日、突然にパニックに遭遇した場合、逃げ切れないということなのでしょう。つまり、それほど、我々は日常、常にパニックと背中合わせで生活しているのです。

第二章　パニックはなぜ起きる？

（一）　パニックいろいろ

①　物も言わずに避難する人々

パニックの定義　今まで簡単に筆者は「パニック」という言葉を使ってきたのですが、パニックの定義についてはそう簡単ではないようです。例えば次のような定義があります。

「パニックとは各個人が自分自身の安全を脅かす事態を避けようとして、他者の安全を無視して行う、非合理かつ無秩序な行動の集積である」（前出広瀬一一八頁）。

既に取り挙げた米国のナイトクラブ火災におけるパニックは、まさに、この定義通りです。ナイトクラブの出入口で、倒れた人々の上を踏み付けてでも、何とか自分だけは逃げようと、いざという時には人間はこのような醜悪な行動をするのです。しかし、パニックの定義はそう簡単ではないという次のような意見もあります。

「パニックと呼ばれるものの現象形態はまことに多様である。また、一口にパニックと呼ばれる、そのさまざまな現象形態のうち、ある現象をパニックに含めるべきかどうかについては、社会学者の意見が別れる場合がある。言い換えれば何がパニックであり、何がパニックでないかという、パニックについての定義も、社会学者の間では必ずしも一致していない。パニックは現象形態が多様であるばかりでなく、社会科学上の概念としても、また多様な概念なのである」(岡部慶三「〝パニック論〟を再考する」『月刊消防』八二年六月号一頁)。

右論者は、パニックの多様性を象徴するものとして次のような事例を挙げています。

チリ地震・津波で黙々と逃げる人々　……昭和三五年のチリ津波のときのこと、早暁四時近く、津波に先立ち海岸の潮は遙か沖まで引いていった。この異変に気付いた漁師が一斉に避難を開始した。その異様な物音で起き出した町方の住民が、一体何ごとかと問いかけても、誰も返事をしない。ただ黙々と小高い丘目指して歩き続ける。

不審に思った町方の人が海岸に行ってみると、潮がすっかり引いて海底が露出している。さては津波か！ということで、直ちに家に引っ返し家族と共に全員が避難の群に加わった、ということである。その避難は誰も口をきかず、黙々と歩く粛然たる避難行動であり、怒号や悲鳴が飛び交うパニック状の混乱では決してなかったらしい。もし、これをパニックというのなら、まさに「沈黙のパニック」とでも呼ぶべきパニックの類型であろう……(前同)。

この「沈黙のパニック」は、大声を上げ怒号し、他の人に危害を加えるわけではないのですから、右のパニックの定義では説明し難いと思われるのですが、後に述べるような「人がパニックになる理由」を考えれば、それなりの説明はつきそうです。ここでは難しい理屈ではなく、誰でも知っている簡単な〝ことわざ〟で考えてみましょう。昔から、こんなことが言われてきました。「心ここに在らざれば、見れども見えず、聞けども聞こえず……」というものです。

要するに、必死で避難しようとしている漁師には、「心ここに」に無かったのですから、町方の住民が話しかけても、それを「聞けども」、何も聞こえなかったのです。もちろん目にも入っていなかったのです。ですから返事もしなかったのです。ではなぜ、「心が無くなっていたか」ということなのですが、それは後で検討することにしますが、筆者はこの件《くだ》りを読んで思い当たったのは「津軽てんでんこ」という言い伝えでした。

「津軽てんでんこ」はパニック？

例えば、「津軽てんでんこ―その真意と問題点―」（山下文男『近代消防』〇四年六月号二三頁）では、昭和三陸津波（昭和八年＝一九九三年三月三日）に襲われた際に、小学校三年生であった山下氏自身の経験談が語られています。

「……それ津波だ！の声で聞いて、小学校三年生の私が家を飛び出した時は、既に、家の前の雪道を避難する人達が山に向かっていたが、みんな黙々と、ただ夢中になって走っており、子供といえども泣き叫んだり、駄々をこねたりする者は一人もいなかったように思う……」。

この話は、チリ地震の際に避難する漁師の話と、とてもよく似ています。要するに必死で逃げる際には、自分以外のことに注意する余裕などまったくないのです。氏自身も津波の際に父親に置き去りにされたとも言います。

「……末っ子であった私の手も引かずに、自分だけ逃げた父について、いわゆる『てんでんこ』の実践者で、ただ一目散に逃げるのみであった」。つまり、「てんでんこ」とは、三陸海岸地方の昔からの言い伝えであって、「てんでんばらばら」という意味であり、津波の時には、てんでんに、一分一秒でも早く逃げよというのが真意であって、津波というものはそれほど早く、恐ろしいものだと教える意味合いがあると氏は語っているのです。

同じ昭和三陸津波の際に、若夫婦と姑だけの家庭で若夫婦だけが助かり、七〇歳になる姑は遺体で発見されたという事例について、同氏は、年寄りを粗末にしたのではないかと陰口を叩かれ、針の筵に座らされたような冷たい視線を浴びたのではないかと同情していますが、同様に氏の場合でも、津波の後で、母がその父をからかって「末っ子の手も引かずに自分だけ逃げて」と言うと、「なぁに、てんでんこだ」と言って照れ笑いしていたと述べられています。

逆にそうせずに悲劇を招いた事例として、北海道南西沖地震の際に、歩けないお年寄りをリヤカーに乗せて、一人で引っ張って避難していた娘さんが、波に追いつかれて共倒れになったことも紹介されていますが、いずれにしても、津波の避難は「てんでんこ」でなければ生き延びれないことを示しているのです。しかし、その「てんでんこ」の時の人々の心理状態について、氏は次のようにも語っています。

「……当時の人たちも『津波てんでんこ』だからといって、他の人のことなど、どうでもよいと思っていたわけではなかった。しかし、人間は、生死のかかる実際の場に直面すると、しばしば普段では考えられないような行動に出ることがある。ある日、ある時、突然のようにして襲いかかってくる津波の時など、なおさらのことで、気持ちが動転しているから、普段のように理性の命ずるままというわけにはいかなくなる……」。

これはまさに、人がパニックに襲われた場合の状態を示しています。「各個人が自分自身の安全を脅かす事態を避けようとして、他者の安全を無視して行う、非合理かつ無秩序な行動の集積である」（〝パニックの定義〟前出広瀬）ということになります。もっとも「津波てんでんこ」の場合は、他に危害を加えるわけではなく、自分自身の安全を優先するあまり、非合理的（例えば、三歳の子の手を引かない等）な行動をとるのですが、それは突然の災害に気が動転して、理性を失った結果なのですから、ある意味ではやむを得ないことでもあるのです。

つまり、「津波てんでんこ」の意味は、もちろん、てんでんばらばらで、とにかく早く避難すべしという教訓でもあるのですが、同時に、てんでんばらばらに逃げ出さなければ、生き延びれないほど、津波の襲来は早いから、人は親族の面倒さえ見るのを忘れてしまうようなパニックになるので、その点については世間としては「大目にみよう」、「やむを得ない」という庶民の悲しい知恵ということになるのかもしれません。だから氏の場合でも、母親が非難したとしても、「なぁに、てんでんこだ」と、父親の照れ笑いで済んだのでしょう。

阪神・淡路大震災の際に、隣に寝ている妻を忘れて逃げ出した夫が、地震後にそれを難詰されてとうとう離婚話までなったという悲劇もあったようですが、それは「津波てんでんこ」の故事を知らなかったからで、もし知っておれば夫の照れ笑いで、その場は、何とか収まったのではないでしょうか。人間である以上、自分自身の安全を本能的に守ろうとするのは、いわば当然なのです。もっとも寝ている傍らの妻を、身を挺して守ったという麗しい夫婦愛の話もないではありませんが、よほど沈着・冷静な人間でなければ、とうていできることではありません。

静かな女の子　ところで、「〝パニック論〟を再考する」（前出岡部）では、浦河沖地震の際の、もう一つの「沈黙のパニック」が紹介されています。

……浦河町には映画館が一軒ある。定員は二二〇名だが、当日は一二〇名入っていた。観客の殆どは小学校上級から中学生程度の女生徒であった。地震発生と同時に激しい上下動によって映写機が大きく傾き、スクリーンも大揺れに揺れた。当然観客は総立ちになり、女の子たちの金切り声が一斉に上がっても不思議ではない。しかし、驚くなかれ、女の子誰一人声をあげるものもなく、じっと座席に座ったまま揺れが収まるのを待っていたという。

地震によって真っ暗になった途端、激しい揺れのため非常口が開き、場内に薄明かりが射してきた。そして程なくして地震動が収まると、女の子たちはさして慌てた様子もなく、ぞろぞろと外に出てきたという話である。パニックが当然予想される状況であったにもかかわらず、そのような混乱は全く見られなかった……。

この事例については、僅かなことでも、すぐ金切り声をあげる年頃の女の子たちであったが、地震には実に冷静に対処した、というように受け取られているようです（前出岡部）。

しかし実のところ、先の事例の津波の襲来から逃れるため、話しかけられても答えようともせず、ただ黙々と歩き続けたという漁師たちと、あるいは「津波てんでんこ」と、まったく同一の現象なのではと、筆者には思われるのです。震度六という急激な地震動に気が動転して度肝を抜かれ、大脳が真っ白になった状態では、おそらく悲鳴を挙げる余裕さえなかったのではないでしょうか。つまり、「沈黙のパニック」だったのです。

②　一人でもパニックに！

(ア)　パニックいろいろ

個人のパニック　いままでに取りあげたパニックの事例は、いわば人の集団ないし群衆により引き起こされるパニックでした。このようなパニックについては、例えば、

「一般にパニックという用語は、いろいろな意味で使われている。明確な定義を見つけることは難しい。特に、パニックが個人の心理状態や行動を意味しているのか、あるいは集団としての現象なのか意見が分かれている……最近の社会心理学の動向としては、外面の集合行動と考えられ……不特定多数の群衆が引き起こす〈集合行動 collective behavior〉の一種をパニックと呼ぶと説明し、緊急事態での驚愕や一瞬呆然とした状態、あわてた見境のない行為とは区別している……」（河野竜太郎「災害時、緊急時の人間の心理と行動」『安全』九二年一八頁）。

と説明されています。しかしながら人間が大きな地震や火災など、平素滅多に経験しない緊急異常事態に突然遭遇すると、次のような行動を取るとされるのですから、集合行動としてパニックと、個人のパニック状態を区別する必要は、あまりなさそうです。

「……人間は自己の経験の中にない驚天動地の大事変に突然見舞われたときには、日常行動の停止、全エネルギーの凍結が生じ、それが呆然自失とか驚愕となって現れる。しかし、直接に危害が身に迫るのを認めると、凍結し、一時ストップして、せかれたエネルギーは、これまた一挙にその危害を防ぐこと、その危害

から逃れる反射的行動を起こし、しゃがむ、隠れる、家から飛び出すといったたぐいの行動になる……」(安倍北夫『イザというとき、どう逃げるか』損保協会七三年、四一頁)。

大事変の際、当面する危害から何とか逃げようとするのは人皆同じで、それが同一の目的に集約され、集団となって行動することから暴走が始まるのですから、その原因は最初に各個人がパニックになったことにあるのです。従って、パニックを集団か個人かに区別する実益はないように思われます。次の説明も右と同様ですが、専門的な職種の場合のパニックの事例です。

「……シナリオのない異常事象発生時には、心理的にも過緊張状態となり、知覚、判断、決心、操作等の人間の情報処理系の機能は著しく低下し、いわゆる〝原始反応〟への退行が生じてくる。特に、最近の自動化された操作装置に慣れてくるに従って、緊急対処の経験が少なく、熟練度は低下し、〝退屈―パニック症候群〟という極端から他の極端への対応を強いられることになる……」(黒田勲「いざという時どうするか」『安全』前同一四頁)。

つまり、パニックは集団でなければ発生しないものでもなく、もちろん右事例のように、各個人の対応行動においても発生すると考えるべきであって、ともに対応行動について正常な判断能力を失うという意味ではまったく異なるところがないからです。

特に右の事例は、防火対象物における防災センターの総合操作盤の監視員に、そのまま該当します。つまり、監視勤務中にめったに警報ベルが鳴るようなことはないのですから、その意味では常時〝退屈〟モードであることは確かです。しかし、そこに突然、火災警報が鳴り響くという異常事象が発生し、周囲が緊急モードに急変するのですから、平素からよほど確固たる自覚を持っているか、あるいは、しっかりした訓練でも受けていない限り、直ちに監視員は心理的に過緊張することになり、知覚、判断、決心等の情報処理機能が低下し、退屈モードから一転してパニック状態になるというのです。

このことは特に、総合操作盤の監視員だけに起きるものではなく、緊急異常事態に対する心の備えがなければ、およそ人間である以上誰でも逃れることのできない宿命でもあるのです。既に述べたように「津波てんでんこ」とは、親をすて、妻をすて子をすててでも、自分だけが助かろうとする各個人のパニック状態のことを意味しているとも言えるのです。火災で多勢の人が、一カ所の出入り口を目指して逃げ、そこでパニック状態となって死亡するのも、ひっきょう各個人が理性的判断を失い〝見境のない行為〟に走った揚げ句の集積が、パニック状態となったことに他なりません。

次の事例は火災に際し、パニックになった火元の居住者の、奇妙な避難行動を示しています。緊急異常時における人間は、こんな馬鹿げたことをするのです。

(イ)　鍵が開けられない？

強運の夫婦命拾い！　五階建てのマンションの三階に住む夫婦は、出火直前（午前三時頃）まで派手な喧嘩を続け、タンスの中身を放り出した部屋で主人はたばこを吸い、お酒も入っていたらしく、そのまま寝入ってしまったのです。寝苦しくなってフト目を覚ました主人、煙に驚いて隣の部屋のふすまを開けると炎らしいものが見える。「火事だ！」、慌てて風呂場から洗面器で水をかけたが消えそうにない。それで彼はどうしたか？　何と玄関に出てお隣のインターホンを押しただけで、返事も待たずに帰ってきたのです。そして玄関のドアを施錠しました。

なんで？ 外から帰ると施錠する習慣があったからなのでしょう（このため消防隊は屋内進入ができなかった）。それからやっと、燃えている部屋を通って六畳の間に寝ている妻を起こし、またその部屋を通って玄関から避難しようとしたのですが、ドアが開かない。自分が施錠したのを忘れてノブをガチャガチャやっていたのです。そこでやむを得ず玄関脇のバルコニーに出ようとしたのですが、また、このガラス戸が開かない。素手でガラスを割りやっとのことで出た。しかし、三階なので飛び降りれない。幸い備え付けの避難ロープがあったので、それで妻を降ろそうとしたら、怖がって降りない。ちょうど真下に地上式の貯水タンクがあったので、その上に降ろすと、その時、消防隊が下に来ていたので救助され、自分は避難ロープで降りかけたところ、素手でロープを掴んだため、持ちきれず途中で落下、しかし、下の消防隊にうまく受け止められて無事に着地という離れ業を演じて助かったのです。どこまでも強運の夫婦です。

しかし、考えてみるとこの夫婦は危ない橋を渡っています。特に主人は三回も火災室を行き来しているのですから、普通であれば死亡する危険性は高かったのですが、燃えが緩慢だったのか、行きつ戻りつを繰り返しています。しかし主人はこんな危険を冒す必要は全くないわけで、このマンションにはベランダに避難ハッチが設置されていたのですから、夫婦で素早くベランダに出て避難ハッチから逃げるのが最も安全な避難方法であったのです。

ところが何を思ったのか、隣のチャイムを鳴らしただけで帰ってきて、妻を起こして玄関まで行ったのはよいが、ドアを開けられなかったというのは問題です。人間は極度に慌てると平素慣れている玄関の施錠さえ満足に開けられないのです。へぇーそんなことあるのーと、読者の皆さんは信じられない思いでしょうが、こんな話は幾らでもあるのです。現にこの夫婦は玄関ドアが開かないので、玄関横のバルコニーに出るため、ガラス戸を開けようとした（多分、クレセント錠だったのでしょう）が、それすら開けられずガラスを破壊してやっとの思いで外に出ています。ウソでしょう！　と思われる方は次の話をどう考えます？

我が子を火事で失う　「ある人が酔っ払って、自分の小さな住宅に帰って来て玄関のところに寝てしまった。夜中に石油ストーブをひっくり返して火事になった。慌てて目を覚まし、とにかく自分は二歳ぐらいの子供を抱きかかえ、奥さんの方も乳飲み子を抱いて窓ガラスの鍵を開けようとした。奥さんの後の思い出では、どうしたのか、あのとき鍵が壊れていて容易に開かなかったのだと言う。一生懸命になってやっと開けて、二人は外に飛び出した。飛び出してから気が付いた。幼稚園に行っている四歳の女の子が家の中にいる。身の回りから火が襲ってくるのに怯え、床の上に半分立ち上がって、両親を求めて泣きじゃくっているのが窓越しにちらっと見えた。二人は気が狂ったように飛び込もうとしたけれど、周りの人から抱き止められてしまう。二、三秒のうちに轟然と屋根が落ちた……」（会田雄次『日本人の意識構造』講談社現代新書七二年、一三頁）。

現在でも、右のような悲惨な火災事例は決して珍しいことではありません。では、なぜそんな事故が起きるのか？　答えは明らかです。人はパニックになったとき、正常な判断や行動ができなくなるからです。この事例について右著者は、次のような厳しい批判の目を向けています。

「……奥さんは『窓の鍵』が壊れていたというが、実はそうではない。この両親はそういう心構えと非常事態を想定した数回の訓練を自己に課していなかったというだけのことだ。突発非常事態では平生の動作はできない。従って、逃げ遅れて自分の子供を殺してしまったのである」。

そうすると、家庭でも災害に備えて避難訓練をしておけば、万一の地震や火災に遭っても慌てずに済むということになるのですが、なぜ、そう言えるのでしょう？　あるいは、人間は「自己の経験の中にない驚天動地の大事変に突然見舞われたときには、日常行動の停止、全エネルギーの凍結が生じ、それが呆然自失とか、驚愕となって現れる……」（前出安倍）というのですが、なぜ、人間はそうなるのでしょう？　つまり、そもそも人間は、なぜ、パニックになるか？　それが実は問題なのです。

（二）　人はなぜパニックになるか？

①　大脳生理と心理

（ア）　人間の原始的本能とパニック

新・旧両皮質の機能　なぜ人はパニックになるかについて、分かりやすく説明した文献は少ないのですが、次に示す「大脳生理・心理からみた安全の考え方」（野間聖明『セキュリティー』八七年四月号四〇頁）は、パイロットとしての長い経験に裏打ちされているだけに、その説くところは具体的であり、現在でもなお有用だと思われます。以下はその一部の紹介です。

……人間の脳の構造は、図のように中心に旧皮質があり、それを包むように新皮質が発達した二重構造である。これはチンパンジー以外の他の動物にない一大特徴であって、突発的に緊急事態に入ると、まず、旧皮質が機能を始める。

1 旧皮質の働き　旧皮質は動物の本能としての機能がある。

・危険を避ける
・生命を守る
・種族を保存する

このほか睡眠のリズムを持っているので、就寝時間がくると眠りに入り脳を休ませる。寝不足のときに居眠りをするのも旧皮質の働きである。

2 新皮質の働き　新皮質は高度に発達した脳で人間だけが持っていて、次のような働きによって、その場に対応して人間らしい判断と行動を行う。

・情報処理
・人間としての精神活動
・理性ある判断と行動の指令

新皮質はいつも活発に機能しているのではなく、普段はリラックスしていて、必要に応

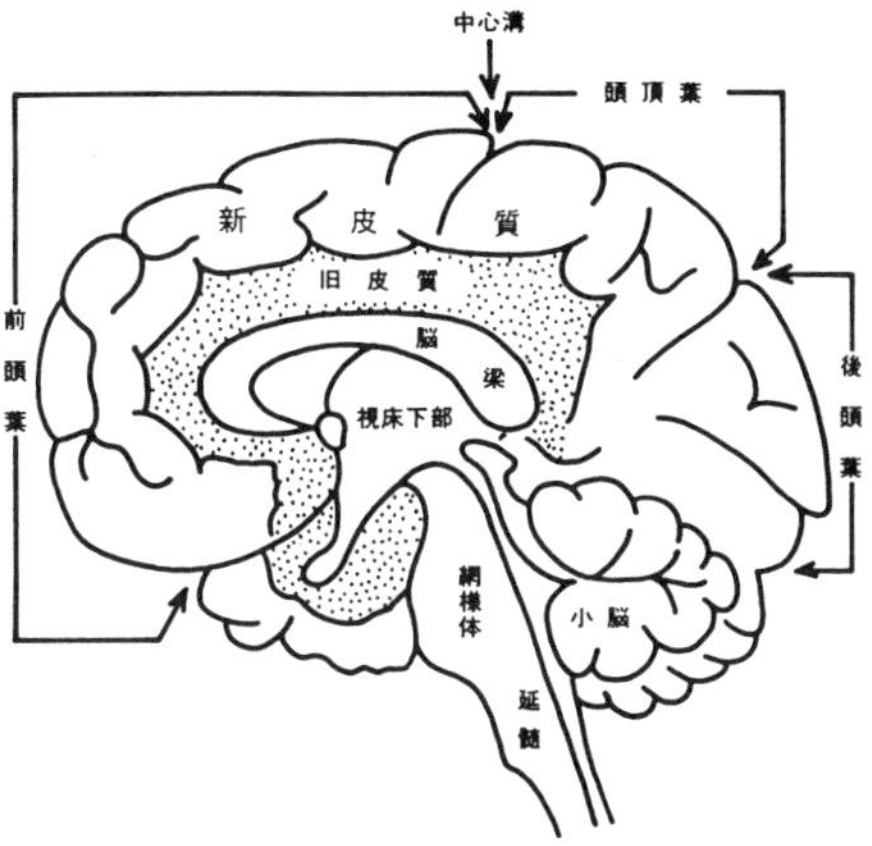

大脳の二重構造

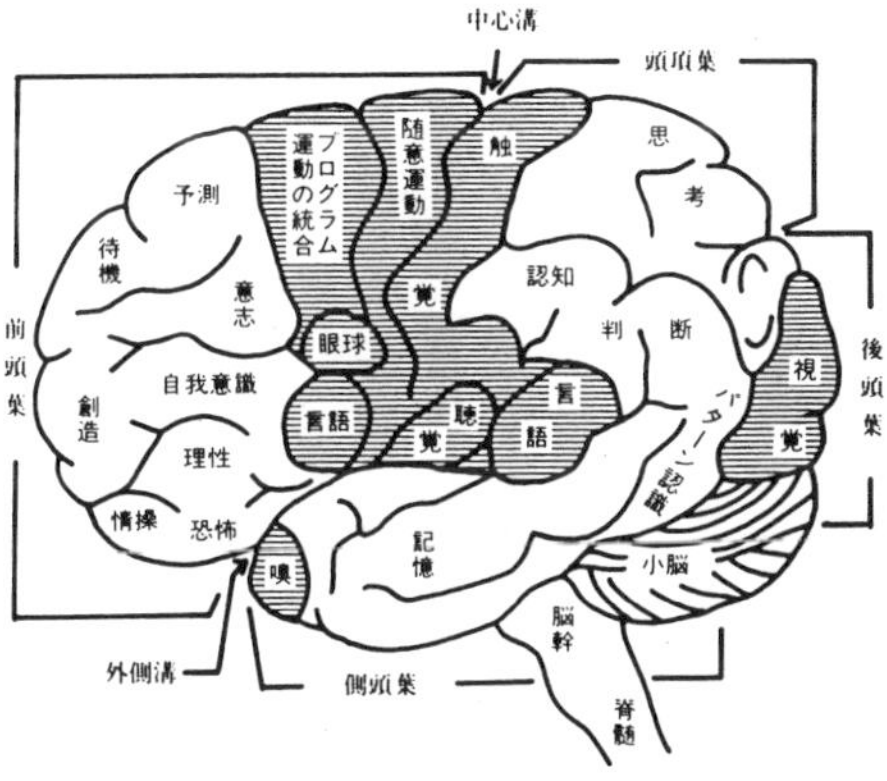

新皮質の機能図

（野間聖明『セキュリティー』'87年４月号より）

じて刺激を受けて機能し、真価を発揮する。

緊急事態の働き　人間が突然、緊急異常事態に遭遇すると、動物の本能として、まず旧皮質が働き、とっさに身を引く行動をとる。これは危険を避け身を守るという旧皮質の機能によるものである。パイロットが緊急事態に遭遇すると、まず墜落を防ぐための飛行姿勢を立て直す操作をする。これは訓練によるものであるが、命を守ろうとする旧皮質の機能でもある。それに続いて新皮質がうまく覚醒できれば、覚えている緊急操作手順が順次頭に浮かんでくる。しかし、命を守る機能は強いため、生半可なことでは新皮質を機能させるまでにはならず、気ばかり焦って次の操作が出てこないことがある。

この大脳二重構造説（最近では脳幹を加えた三重構造説もある）によると、人間がなぜパニックになるか、非常にうまく説明がつくことになります。我が家の火事の際に窓の施錠が開けられず、我が子を火の中に置き去りにした夫婦、津波に怯えて呼び掛けにも答えず、ただ黙々とひたすら避難する人々、映画館で地震に襲われ、声すら挙げられなかった女生徒たち、いずれも大脳の旧皮質が優先的に機能し、自分自身をまず危害から守ろうとしたからに他なりません。

そして、パニックになった個人が、群衆となってたった一つの出入り口を目指して暴走し、弱者を踏み付けてでも、自分だけが助かろうとした典型的な事例が、第一章などで紹介したナイトクラブの〝E２〟、〝ステーション〟及び〝サパークラブ〟等々の事故や火災であったのです。

要するに、これらのパニック化した人々の大脳は、冷静に理性的に判断しようとする新皮質を、生存・自己防衛に狂奔する旧皮質が押さえつけて、原始的本能のおもむくまま暴走し、なかなか新皮質が「覚醒」しない状態での出来事と言えるのですが、このような大脳の働きについては、もう一つ別に、「大脳の意識レ

フェーズ	意識のモード	注意の作用	生理的状態	信頼性	脳波変化
0	無意識・失神	ゼ　ロ	睡眠・脳発作	0	δ-波 (0.5〜3.5Hz)
I	Subnormal 意識ぼけ	Inactive	疲労・単調・いねむり・酒酔い	0.9以下	θ-波 (4〜7Hz)
II	Normal Relaxed	Passive 心の内方に向う	安静・休息 定例作業時	2－5 nine	α-波 (8〜13Hz)
III	Normal Clear	Active 前向き 注意野も広い	積極的 作業時	6nine	β-波 (14〜25Hz)
IV	Hypernormal Excited	一点集中 判断停止	緊急防衛反応 あわて・パニック	0.9以下	βまたは てんかん波

意識レベルの段階分け　（橋本邦衛，1978）

ベル」という考え方からも説明できるのです。

（イ）　**大脳と意識レベル**

五段階の意識レベル　大脳の情報処理モデルの提唱者として著名な故橋本邦衛博士は、大脳から出る脳波のパターンと、人間の犯すエラーの実験的研究から、大脳の活動状況つまり大脳の意識レベルを五段階に分け、それぞれの意識レベルに対応する情報処理能力の良否、もしくはエラーの発生頻度や類型の位置づけを考えてみることが、生理学的には可能であり、かつ、正当な発想であり、これがヒューマン・エラーの防止対策として有効であると提唱されたのです。このことを簡単にまとめたのが上表です（『安全人間工学』中央労働災害防止協会八四年、九四頁）。

1フェーズ0　これは意識を失っているときとか、睡眠中の大脳の状態ですから、これを考える必要はなさそうです。

②フェーズⅠ　意識は平常水準より低く、強い不注意状態。居眠りや非常に疲れている状態で、自分の仕事に関して明確な自覚がないから、手順を間違えたり、ウッカリといったミスを犯す。

③フェーズⅡ　これは正常でくつろいだ状態、心は全体としてリラックスしているのです。一般の通常作業とか事務の仕事をしているときの状態で、もっとも長続きする状態とも言えます。

④フェーズⅢ　これは積極的な活動時の意識レベルの状態で、大脳の情報処理システムの各機能がフル回転しているのですから、メッタなことではミスをしない。安全確保のためには最も好ましい状態で、火災の際にも大脳がこのような働きをしていれば、初期対応に失敗するようなおそれは、まずないことになります。

しかし、このフェーズⅢは長続きしないのが欠点で（大脳が全力運転しているのでこれは当然）、せいぜい五分～一〇分しか続かないとされています。従って、大脳のスタミナの配分も十分考慮に入れておく必要があります。

⑤フェーズⅣ　過緊張や極度の興奮のため大脳の働きは非常に高いレベルにあるのですが、精神活動上、注意が目前の一点に集中し、判断の切り替えも困難になります。思考も一点集中となり柔軟な判断ができなくなり、不安定な状態となります。まさに「心ここに在らず」という状態です。これが極度に進むと、意識が失われたり、身体の正常保持が不能になる場合もあります。人間は緊急事態に遭遇し、極度の恐怖感などに襲われたりすると、大脳の情報処理システムがパンク状態になり、正常に機能しなくなるのです。つまり、パニックです。

パニックの中身？　大脳の二極構造説から、人間が緊急異常事態に遭遇すると、旧皮質による生存・防衛本能が優先的に働いて、新皮質の機能を阻害し、その理性的判断が失われことによって、いわゆるパニック状態になる、ということは既に説明したのですが、大脳の意識レベルという別の面からみると、フェーズⅣのような状態が、即ちパニックであるということになるのです。

黙々として呼びかけにも応じず、ひたすら避難し続けた漁師の人たちの大脳の意識は、まさにフェーズⅣの状態で、自己の安全を守るというその一点に意識が集中しているのですから、とても他の情報を処理する余裕などなく、従って返事などできなかったのです。震度六の地震の際、映画館で声一つ出さなかった女生徒も同様です。フェーズⅣの状態では大脳の意識は「判断停止」になる場合があるのですから、当然、声一つ挙げることも出来なかったのです。しばらくして「ぞろぞろ出て行った」というのも、地震の揺れが収まると意識も正常になったことを示しています。さらに、火災の際に部屋の鍵を開けられなかったのも、フェーズⅣの状態で極度に「慌て」ているのですから、平素なら簡単な解錠動作が出来なかったという説明が可能となります。

②　防火管理関係者とパニック

(ア)　避難する人させる人

ビックリ人間　このようにパニックの正体がだいたい分かってくると、よほど肝の据わった冷静な人か、あるいは特別な訓練でも受けていない限り、人間は誰であっても突発的な異常事態に遭遇すると、パニックになるのであって、これは恥ずかしいことではなく、特別なことではないということが分かります。むしろ人間であるがゆえにパニックになるという次のような話さえあるのです。

「……人間がビックリするそもそもの根拠は恐竜の時代に遡るという。他の動物に比べ身を守る術を持たない人間は、この世の中で最も弱い動物であったに違いない。そこで人類はビックリ反応が発達し、危害を及ぼす可能性のあるものには全てビックリするようになり、ビックリしない馬鹿者は全て食べられてしまったのだという。この性質が二百万年も脈々として人間の血の中に流れている。DNAとは恐ろしいもので、現代でもこのDNAは、ふと、表れる。

この数百万年以来の人類の歴史を、今さら急に変えるわけにはいかない。ビックリするなと言われても、ビックリするようなことがこの世に増えている限り、平然と落ち着いているわけにはいかない。素直にビックリするのが正常で、落ち着いているのは、感覚麻痺か心の異常であろう……」(黒田勲『安全文化の創造へ―ヒューマン・ファクターから考える』中央労働災害防止協会九九年、一三一頁)。

避難する人させる人　右の説からすれば、むしろパニックにならない人の方が人間としては変種ということになりかねないのですが、しかし、一般の人々がパニックになるのは許されるとしても、業務上の義務としてパニックになることが許されない人たちがいます。火災の場合で言えば防火管理関係者がそうです。

今までに述べたパニックの話の内容は、主として火災や地震の際に避難する人々の間で、パニックが起きるのか、あるいは起き難いものかどうかというものでした。筆者は、パニックは、決して起き難いものではなく、むしろ逆に、何らかのきっかけによって容易に起きるものであり、そして、そのパニック発生の理由は、人間の大脳生理ないし心理からしてほぼ説明し得るものであるというものでした。つまり、結論としては「人間とはビックリする者である」ということでした。従って、右のような理由から「避難する人」が異常事態にビックリし、パニックになるのは止むを得ないとしても、しかし、防火管理管理関係者、つまり、「避難させる人」がビックリし、パニックになるのは許されることではないのです。なぜなら、「避難させること」を業務としているからです。

ところが奇妙にも消防関係者は、従前から「避難する人」に対するパニック対策にはいろいろと力を入れてきたのですが（例えば、消防用設備等の設置、二方向避難、通路幅の確保等々）、「避難させる人」が火災発生等に際してパニックに襲われ適切な初期対応ができず、多数の死傷者を出すという事例が続出しているにもかかわらず、「避難させる人」に対するパニック対策は、殆ど考えてこなかったのです。

「適切な防火管理を実行すれば」事故は防げるといった単純な内容の、抽象的な概念操作で事が済む話ではありません。ではどうするか？　その対策は最終章で扱うことにして、ここではまず、「避難させる人」が、火災の際にパニックなり、どのようなエラーを惹起しているかを簡単に紹介しておきます。

(イ)　火災に弱い防火管理関係者

警備員敵前逃亡！　昭和五二年二月六日午前七時四九分頃、札幌市白石区の白石中央病院の旧館（木造二階建て延べ面積約一〇〇〇平方メートル）の一階外来診察室から出火。火災警報ベルが鳴ったので、当直の警備員（当時六三歳）が現場確認に行ったものの、診察室の火勢をひとめ見て狼狽、消火器を持って駆けつけてきた給食のおばさんに、消防署に通報するよう頼んで、自分は新館の方に避難してしまったのです。

防火・防犯を業とする警備員が、火災発生を目前にして何の対策を講じないまま避難するなど、敵前逃亡に等しい不届き極まる所為という他ありません。消火器を持って駆けつけた給食のおばさんの方がよほどしっかりしています。

当時、旧館の二階には新生児六人、単独歩行が困難な患者を含む二一人と、助産婦（五〇歳）及び見習い看護婦（一八歳）がいたのですが、火災警報ベルが鳴った際、二階では異常がなかったので、また、いつもの誤報かと思いこんで、直ちに避難誘導を行わなかったのです。このため、火災に気付くのが遅れ、助産婦がやっと新生児三人を両手に抱えて避難し、再び室内に戻って残りの三人を助けようとしたのですが、煙が充満していたため戻れず、結局、新生児三人を含む四人が焼死しました。

もし、警備員が同じ逃げるにしても、一声大きな声で「火事だ！」と叫んでおれば、二階の看護婦らはもっと早く火災に気付いていたのですから、余裕をもって避難し得たのです。ところで、この見習い看護婦も奇妙な行動をしています。二階に急激に煙が充満するようになると、非常口付近で呆然と立ち尽くしたまま、避難の手助けをしようとしなかったのです。

もし、平素から看護婦詰め所正面窓にぶら下げている非常口の鍵を使って、非常口を開放していれば、助産婦と協力して新生児ら四人を救出し得たのですから、この見習い看護婦の行動は不可解と言うほかありません。しかし、既にパニックとは何かを学んだ読者の皆さんとしては、容易にその回答はみつかりそうです。要するにこの見習い看護婦は、生まれて始めての火災と遭遇するや、大脳の意識レベルがフェーズⅡから、一挙にフェーズⅣに変化したのです。つまり、大脳が休息の状態から一挙にパニック状態になったのですから、大脳は過緊張のあまり判断停止してしまったのです。逃げた警備員も同様です。我が身の安全を願うことに注意が一点集中し、警備員の義務すら忘れて、一声「火事だ！」とも叫ばず、ひたすら逃げたのです。いずれにしても、人間はパニック状態となると、平素考えもしないような行動をとるということは、肝に銘じる必要がありそうです。この病院火災で病院長は、業務上過失致死傷罪に問われたのですが、一審有罪、二審で無罪となりました。むしろ責任を問われるべきは、この警備員や見習い看護婦であったかもしれません。次の事例も、突然の火災で自分を見失ってしまったのです。

愚にもつかない初期消火

昭和五三年三月一〇日午前零時頃、新潟市の今町会館（鉄骨造三階建て延べ面積約三五〇平方メートル）の二階にあるスナック「エル・アドロ」から出火、同店を全焼するとともに、客ら一一人が焼死するという悲惨な事故が発生しました。出火当時、店内には店長を含め従業員三人、男女の客二二人がいたのですが、逃げることができたのはそのうちの一四人、半分強に過ぎませんでした。なぜ、こんなに多くの人が焼死したのか？　それは店長のとんでもない不手際によるものでした。

従業員から「チーフ、火」と耳打ちされた店長は、店内を見回したところ、どこにも火は見えず、外の様子を見ようと店内唯一の階段に通じる通路に出たところ、通路の天井付近の座布団ほどの大きさの火を見て驚愕！　とっさに水を掛けて消そうと考え、店内の客や従業員らに知らそうともせず、直ちに火の下をかいくぐって店外に出て、近くの店に飛び込んで「水をくれ」と頼んだのです。

相手は事情の分からないまま、水差しの水を渡すと、「こんな小さいものじゃ駄目だ」と怒鳴りながらもこれを受け取り、引き返して消火しようとしたものの、こんなことで火が消える訳がなく、再び戻ってきて、消防署への通報を依頼するとともに、今度は洗い桶の水で消火したりしたのですが、店長がこんな役に立たない消火行動に終始したため、結局、店内の客らは逃げ遅れて多数の死者を出すという結果になったのです。

この火災により店長は、業務上過失致死傷罪に問われたのですが、このような店長の行動について裁判所は、「火を見て驚愕してしまい、消火器の使用すら思い至らず、直ちにひとり店外に飛び出して、店外から少量の水をかけるなどの、全く無益な消火活動をするという愚にもつかない行動に終始したところにあり、このうち、特に後者の点に鑑みるに、いかに慌てたとはいえ、被告人の態度は現場の責任者のとるべき措置としては、あまりにも落度が大きい」（新潟地判昭五六・一一・一九）として、厳しく責任を問うています。

この店には避難階段は一つしかなく、階段に続いて店内に入る通路の天井が燃えているのですから、火災を発見した時、店長として真っ先にやるべきことは、直ちに店内の客らに火災を知らせ、まず避難させることだったのです。冷静に考えればできたはずのことが、驚愕―意識レベルはフェーズⅣ―、大脳の働きは「火を消す」に一点集中して、避難させることに思い至らなかったのです。しかし、これは決して笑い事ではありません。あなが「愚にもつかない」行動をしないという保障はどこにもないのです。次の事例も同様です。

何をしてよいか分からない！　昭和五七年二月八日午前三時過ぎ、ホテルニュージャパン（東京都千代田区、耐火造地下二階地上一〇階建て延べ面積約四万五〇〇〇平方《メートル》、宿泊定員七八二人）の九階から出火、九階、一〇階及び八階の一部を焼くとともに、死者三三人（墜死一三人）を出すという痛ましい事故が発生しました。

この火災もその発端は、何でもない平凡な寝たばこによる出火だったのですから、初期対応さえ間違わなければ、難なく消火し得た火災ではあったのです。しかし、最初に火災を発見したフロントマンがミスをしました。仮眠をとろうとしたフロントマンが、九階のエレベーターホールで、きなくさい臭いに気付き、付近を点検したところ、九三八号室のドアの上部から白煙が出ているのを発見、そこで確認をしようとしたものの、一人で対処することに不安を感じ、九階からフロントに電話連絡もせず、エレベーターで一階まで降りフロントに駆け戻って、勤務中の係員らに九階の客室から煙が出ているのを知らせたのです（午前三時一六、七分頃）。

その後彼は何をしたか？ まず他の係員に警備員への連絡を指示するとともに、九三八号室の宿泊者の氏名を確認するなどしたものの、その後の対応策も思い浮かばず、再びエレベーターで九階に行き、フロントの同僚と消火栓を使って消火しようとしたが、不慣れのため失敗、煙に巻かれそうになったので、またフロントに舞い戻って、先ほどの係員に一一九通報を指示し、自分も九階各室に電話して火災を知らせようとしたのですが、手が震えてダイヤルができず、一室も通報できなかったのです。

それではと、自動火災報知設備の全館一斉鳴動の操作をしようとしたが、内部で改造されていたため鳴動せず、さらに、館内放送しようとしたものの、操作方法が分からず、結局、全館の宿泊者には火災警報が全く伝わらなかったのです。これでは高層階の宿泊者の避難が遅れたのは当然で、墜死が多かったというのもこれが大きな原因です。もっとも初期対応が不適切だったのは、このフロンマンばかりでなく他の同僚も同様で、せっかく屋内消火栓を展長し、放水しようとしたのですが、送水の際に合図をしなかったために、ノズルを取り落とすという不手際があって、結局、有効に使用できず、このため火災は次第に拡大していったという経過をたどりました。

最初、煙を発見した際、直ちに部屋を確認して応援を求め、部屋の鍵を開けて中に入り消火器ないし屋内消火栓で消火しておれば、ベッドが燃えていた程度の火災であったのですから、容易に火は消えていたはずなのです。ところが、火災ともなれば、平素、しっかりした消防訓練を受けていない限り、人間はこの程度の動きしか出来ないのです。人がパニック状態になるというのは、そういう恐ろしさを持っています。

ホテル・ニュージャパンの当時の経営者は、防火管理には極めて不熱心で、消防用設備等に不備・欠陥があったばかりでなく、消防訓練についても実施していなかったので、フロントマンらは火災発生に際し、「何をしてよいか分からなかった」というパニック状態になったのです。この経営者は高齢であったにもかかわらず、防火管理責任違反の責任は重いとして、禁錮三年の実刑に処せられました。

次の事例は防火管理関係者ではないのですが、多くの乗客の安全をあずかるＪＲの電車の車掌が列車事故に際してパニックになり、危うくさらなる大事故を招きそうになったという肝が冷えるような話です。

(ウ)　ＪＲ福知山線脱線・転覆事故で車掌はパニックに？

民営化後最大の事故　去る四月二五日午前九時過ぎ、兵庫県尼崎市でＪＲ福知山線の快速電車が脱線、死者一〇七人、負傷者五四九人を出すという旧国鉄時代の鶴見事故（昭和三八年一一月九日、死者一六一人、負傷者一二〇人）以来の大惨事が発生しました。

高見隆二郎運転士（二三歳）は、定刻に宝塚駅を発車した後、伊丹駅で約四〇《メートル》（六〇～七〇《メートル》とも言う）オーバーランし、バックして乗降させたため発車が定刻より約一分半遅れ、この遅れを取り戻そうとしたのか、事故現場付近の右カーブに制限速度（七〇《キロメートル》）を大幅に超えて進入、直後に非常ブレーキが掛けられたものの、遠心力や急制動による力の作用で、一両目の車両の右車輪が浮き上がり、片輪走行になって車体は左に傾き、半ば転覆脱線状態で線路脇のマンション一階の地下駐車場に激突しました。

一両目は、長さ約二〇《メートル》の車体が押しつぶされて約七《メートル》に縮み（死者約三〇人）、二両目は、マンションに車両側面をくの字に打ち付けて折れ曲がり（死者約七〇人）、三両目は後部を大きく右に振って進行方向と逆に（死者四～五人）、四両目も右に大きく反対車線にはみ出した状態（死者一～二人）でした。

衝突防護措置　そうすると、このような電車の脱線・転覆という大事故の際に、乗務していた車掌としては真っ先にやるべきことは何だったのでしょう。言うまでもありません。対向電車と後続電車を直ちに緊急停止させることだったのです。わずか三分程度の間隔で上下線が運行されているのですから、ぐずぐずしている暇はありません。もし、緊急停止ができなければ対向電車が、さらには後続電車が事故現場の車両に乗り上げる可能性は極めて大きかったのです。

国鉄三河島駅列車二重衝突事件　このような事故は現実に発生しています。有名な国鉄三河島駅列車二重衝突事件です。

昭和三七年五月三日午後九時三七分頃、国鉄常磐線三河島駅付近において、下り貨物列車が安全側線に冒進して機関車が下り本線上に脱線し、折から下り本線を進行してきた下り電車と接触し、下り電車の一、二両目が上り本線上に脱線して一二五人の重軽傷者を出しました（第一事故）。

さらに右事故から約六分後の午後九時四三分頃、上り本線を進行してきた上り電車が、下り電車と衝突して、上り電車の前部四両が脱線

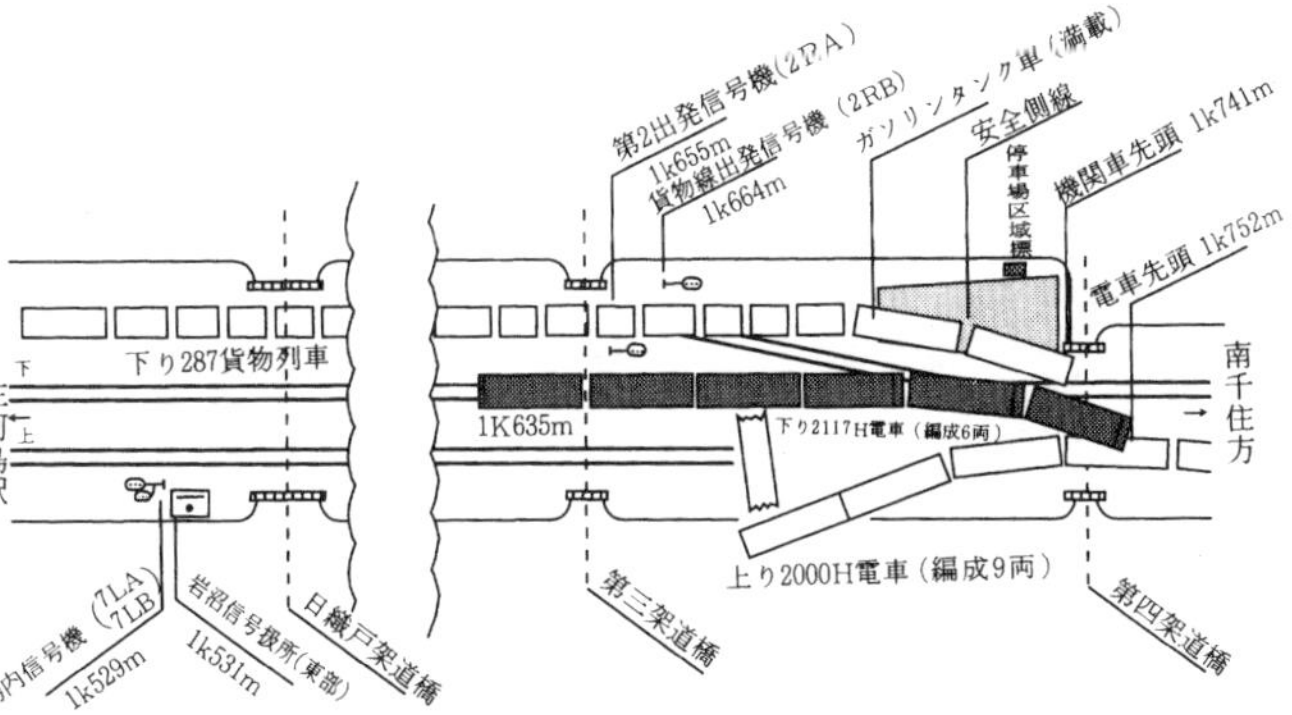

三河島駅二重衝突現場の概略図

大破し、一六〇人の死者と三五八人の重軽傷者を出すという悲惨な二重衝突事件となったのです（詳細は、拙著『火災教訓が風化している(2)』〇一年近代消防社、二六頁参照）。

前方・後方の防護義務

この事件では九人の関係職員が起訴されたのですが、このうち第二事故の責任があるとされた下り電車の運転士及び車掌らは、二審においても有罪とされました。特に右下り電車の車掌は、前方もしくは後方から進行してくる列車を停止させるために行う列車防護措置義務違反を問われたのです。当時の防護措置の方法としては、合図灯による停止手信号、発煙筒による停止信号等があったのですが、そのほか一三四《メートル》離れている信号所に走って知らせるとすれば、その余裕時間はわずか一分三五秒しかなかったのです。しかし、この車掌は事故の事実確認を前方まで行かねば確認できず、それを確認してさらに反対方向に一三四《メートル》走って知らさなければならないのですから、現実には殆ど不可能と思われるのです。しかし、これは可能とされ有罪とされたのです。緊急異常時にこのような最適行動を求めるのは、かなり酷だと思われるのですが、しかし、この判断は最高裁でも変わらなかったのです。

快速電車の車掌はパニック

さてそれでは、今回事故を起こした快速電車の松下正俊車掌（四二歳）は、どのような防護措置を講じたのでしょう。実は何もやっていないのです。「……その後の調べでは松下車掌が事故発生後も付近を走行する電車に緊急停止を命じる『防護無線』と呼ばれる緊急信号を発信しておらず……」（『週刊文春』五月一九日号二八頁）とされるのですから、この記事を見る限り、電車の脱線後、乗務している車掌として、真っ先に実行しなければならない防護措置を全くやっていないということになります。

三河島駅の二重衝突事件の時代と違って、現在の列車防護措置は、防護無線のボタンを押すだけで、居ながらにして半径一キロ以内の電車を緊急停止できるのですから、これほど簡単なものはありません。しかし、それすらやっていないのです。なぜか？　彼は電車が脱線するという異常事態と同時に、パニックに襲われたのでしょう。頭の中は真っ白、何をやるべきか一向に頭に浮かばず、思考停止し、正常な判断能力を失っていたのではないでしょうか。つまり、フェーズⅣ（四六頁）の状態だったのです。ではなぜ、そうなったのか？　言うまでもありません。平素からこのような状況を全く想定していなかったからなのです。

三河島駅二重衝突事件では、車掌らの防護措置義務について次のように判示しています。

「……右被告人らが……危険箇所に進入する列車の停止手配を講ずることは、もし、各被告人らにして、平素の業務を通じ、かかる非常の際に即応する心の準備さえあれば、特に実設的訓練をまつまでもなく、その決定的瞬間において、即座にこれをなし得たはずである。換言すれば、一旦事故が発生して、併発事故が予想されるが如き危険状態に直面した場合には、右危険箇所に進入する列車の停止手配を講ずべきことは、運転従事員に課せられた必要最低限度の基本的注意義務であり、敢えて実設的訓練をまつまでもない当然の事柄に属する……」（東京高判昭四三・一〇・三一）。

要するに、松下車掌は平素このような事故を全く想定せず、その緊急時の行動に対する心の準備を何もしていなかったため、その決定的瞬間において即座にその対策をなし得なかった、ということになりそうです。

神の手が働く？　そうすると、防護措置が講じられなかった本件事故では、超過密ダイヤ路線であるだけに、当然二重、三重衝突が起きる可能性は非常に高かったと思われるのですが、しかし、実際には発生していないのです。理由は、事故現場から約八〇メートル離れた踏切の特殊信号発光機の作動を、約二五〇メートル手前で気付いた対向電車「北近畿3号」（乗客約一五〇人）の運転士が、事故現場から約一〇〇メートル離れた地点で緊急停止したからです。もし、後五秒気付くのが遅れておれば、二重衝突の恐れがあったと報じられています（五月一日付読売）。まさに危機一髪だったのです。そしてこの運転士は、直ちに防護無線のボタンを押して、半径一キロ以内の走行中の全列車に緊急停止を命じる信号を発したのです。

この緊急停止信号で後続の快速電車（乗客約八〇〇人）も、現場の手前約三〇〇メートルで停止したとされています。この場合でも間一髪、追突を免れたと言えるのではないでしょうか。

さてそれでは、誰がこの踏切の特殊信号発光機を作動させたか？　ということになるのですが、偶然に作動したと報じられています（前同）。もちろん、事故の影響等何らかの原因はあるのでしょうが、筆者には神の手が働いたようにしか思えないのです。二重、三重衝突が現に発生しておれば、どれほどの被害が出ていたか、それを思えば膚に粟が生じる思いがするのですが、幸い神の手が働いて多重事故は防がれたのでし

ＪＲ福知山線脱線・転覆事故

緊急停止した特急「北近畿３号」（上）。特殊信号発光機は線路内にパトカーが止まっている踏切脇に設置されていた（４月25日読売新聞）

ょう。

パニックの怖さ　この事故は、一人の車掌がパニックになることによって、どれほど多勢の乗客の安全に大きな影響を及ぼすかの証左なのですが、このことは防火管理においても同様のことが言えるのです。火災発生の際にパニックになり、初期対応の適正を欠いた事例は既に述べたところです。問題はパニックにならないために、どうすべきかなのです。

第三章　それでもパニックは起きる！

（一）　ココナッツ・グローブ火災の凄惨なパニック

①　パニックに大量死の原因を押し付け？

火災の概要　以上述べた各事例からも分かるように、人は集団であっても、あるいは個人であっても、突発異常事態に遭遇すると、極めて容易にパニック状態になりやすいのですが、しかし、『人はなぜ逃げ遅れるのか―災害の心理学』（広瀬弘忠、集英社新書〇四年）の著者は、依然として、むしろ、人の大量死の真の原因を、パニックに押し付けているのではないかという主張をしています。

例えば、その実例として、一九四二年一一月二八日米国ボストン市のナイトクラブ〝ココナッツ・グローブ〟で発生した火災で、死者四九二人という米国史上最大の災害の一つなった事例を挙げているのですが、果たしてそう言えるのでしょうか？　以下はその主張の概要です。

……発端は、一六歳のアルバイトの少年が電球を取り付けようとして、手元を照らすためマッチを擦ったことだ。炎は室内装飾のココナッツの木に引火した。火は壁、天井と拡大していった。出火後わずか二〇分間で、館内で四五〇人が死亡。犯人探しが始まった。最初は火災の直接原因を作った一六歳のウエイターであった。しかし、進んで火元であることを認めた正直さと、成績優秀なこの高校生に対する非難は止んだ。

次に嫌疑が及んだのは営業許可を出した監督官庁、特に消防署だった。火災の一週間前に査察をし、防火施設に問題はないと判定していたからだ。しかし、当時の消防法による防火基準をパスしていた。今度は矛先がクラブのオーナーに向けられた。当夜も座席数をかなり超過して客が入っていたことなどが問題になった。ところが検察が起訴したのは彼一人だけであった。殺人罪で有罪の判決を受けた……（一三六頁）。

しかし右については多少事実と異なっているようです。まず一六歳の少年がマッチを擦ってそれが装飾のココナッツの木に着火したという件《くだ》りですが、「……五七年後の今日、この火災はいまだに火災原因と延焼・拡大速度について、熱烈な論争を招いている。公式発表は不明火となっている」、「……ボーイのマッチにより〝メロディ・ラウンジ〟から出火したという報告は、立証されておらず、悲劇を説明するために持ち出された、もっともらしい仮説の一つに過ぎない」（「ココナッツ・グローブ火災」『ＮＦＰＡジャーナル』二〇〇〇年五、六月号）となっています。

またこの火災で起訴された者はオーナー一人としていますが、これも事実と異なり「……一か月後、大陪審が招集され、郡法務事務所は一〇人に出頭を命じた。その中にはボストン市の建設局長もおり、リンネイ消防司令補もいた。彼は殺人の従犯及び故意の職務怠慢の容疑であった。……（弁護士の弁護）を聞いた陪審員は、熟考が三時間半に及んだ後に無罪評決を出した」（「ココナッツ・グローブの最後のダンス」『ファイアー・ジャーナル』九一年五、六月号）としています。なお、オーナーに対する罪名も殺人罪ではなく故殺です（日本でいう業務上過失致死罪）。

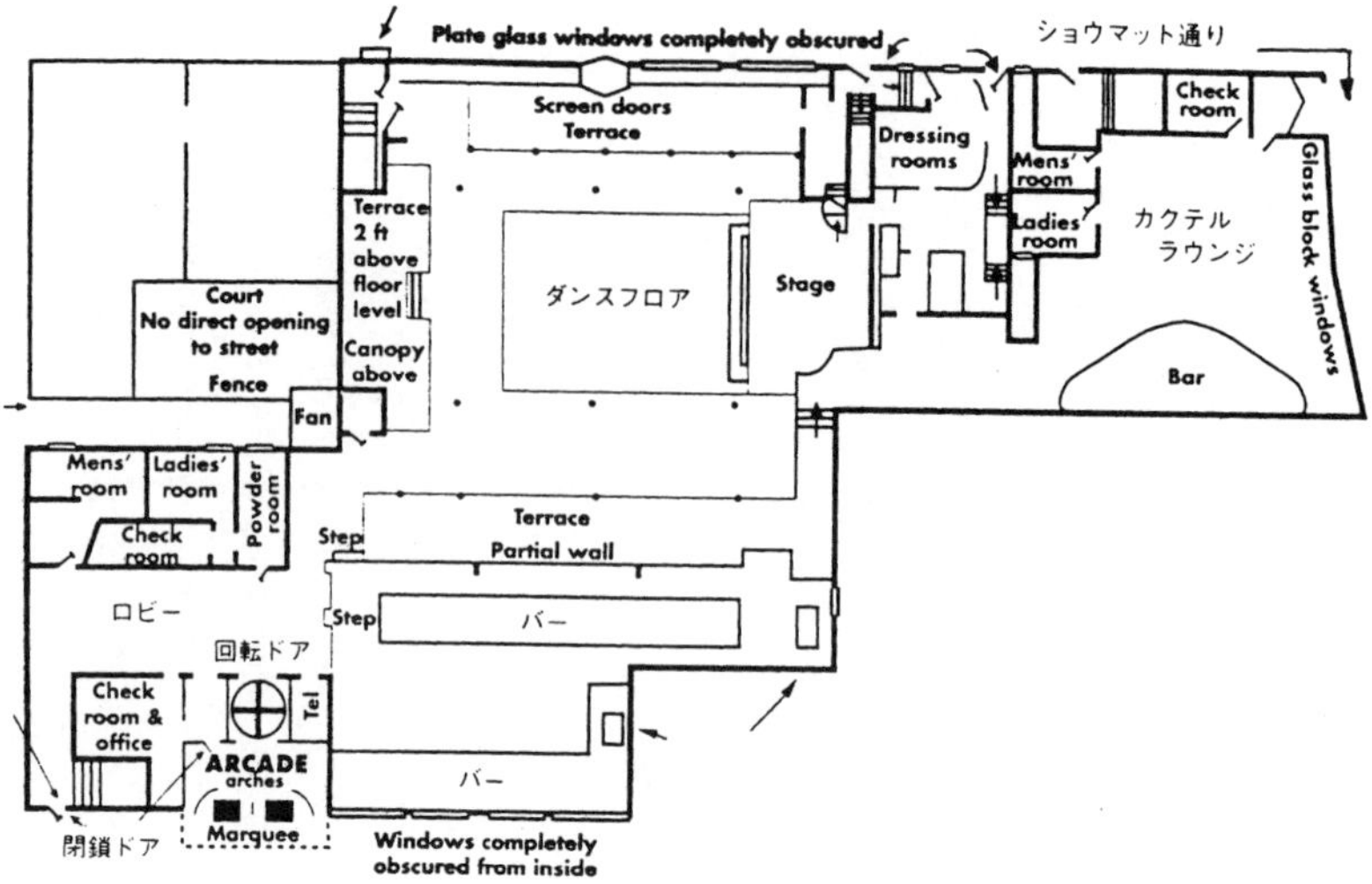

1階平面図

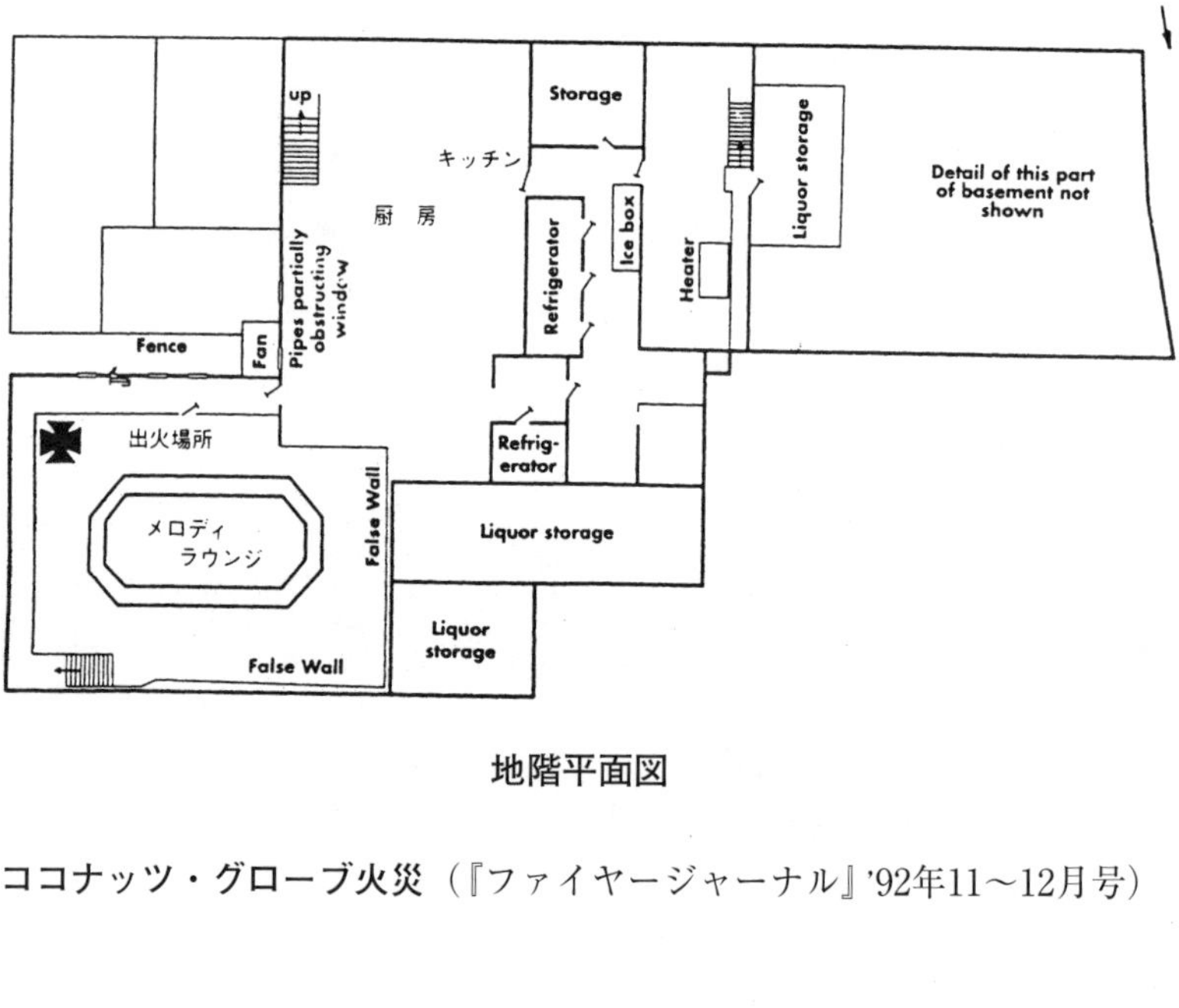

地階平面図

ココナッツ・グローブ火災（『ファイヤージャーナル』'92年11〜12月号）

パニックに責任をなすり付け

しかし、より問題なのは右著者の次のような記述です。これにはちょっと納得し難い思いがします。以下はその概要です。

……社会心理学者のヴェルトフォートとリーの二人は、ココナッツ・グローブ火災の原因を検討した後で、五〇〇人近い大量死は、オーナーやウエイター、消防署や市役所の職員など、個々別々の原因によるものではなく、パニックが原因であったと結論したのである。

だが、どうしてであろうか。よく考えてみると、犠牲者の多くが、パニックを起こす前に、運動機能を奪われて死亡していた可能性があるのではないか。右の二人は、大火災の原因の〝足跡〟を追っていたが、結局のところ、途中でそれを見失ってしまったのだ。さまざまな原因を足し合わせても、その総和が、どうしても方程式の右辺の犠牲の大きさに釣り合わない時に、バランスをとるため左辺に加えられた要因がパニックということになる。パニックは、スケープゴートにされ、心の方程式がなり立つように、後から加えられる想像上の原因であることが多いのだ。パニックに責任をなすりつけるのは安易である……（前出一三九頁）。

要するに右著者は、「犠牲者の多くがパニックを起こす前に、運動機能を奪われていた可能性があるのではないか……」とするのですから、この火災ではパニックは起きなかったことになります。しかし、これも事実と反するようです。現に生還者や消防隊等の証言によれば、パニックは少なくとも、地下室から一階に上がる幅二メートル弱の階段付近と、クラブ正面出入り口の回転ドアあたりの二カ所でパニックが発生しているのです。

② 回転ドア等の前でパニック！

回転ドアに堆積する遺体　この火災は、地階のメロディーラウンジ付近の通路で発生したとされるのですが（前図参照）、近くのバーの現金出納係がその一部始終を見ていました。彼はおよそ次のように述べています。

……突然、その隅の方で騒ぎが起こった。何人かの客が何事かと急に立ち上がった。低い天井に接している植木の先あたりで、小さな青い光がチカチカしていた。だれかが「早く水を持ってこい！」と叫んだ。彼はレジを守った。それが彼の仕事であり、数人の従業員が水差しの水や、炭酸水のビンで消火しようと駆け出したからである。一人のボーイはタオルで火を叩いたが消えず、天井の飾りに火は延びて行った。他の従業員は厨房から消火器を持ち出したが効果はなかった。

フト、音楽が止んだ。しかし多くの人は客は火災が発生していることに気付かず、その場を離れようとした人は殆どいなかった。ボーイらは燃えている椰子の木を壁から引き離そうとした。火の粉を雨のように降らしながら、遂に倒れた。天井の中に入り込んだ火災は突然引火し、驚くべき早さで天井に広がった。

パニックが起きた。叫び声や悲鳴とともに、群衆は唯一の分かりやすい出口である階段を目指して突進した。今や煙道と化した階段目指して我先と走った。炎が階段を走り上がるまでに何人かは脱出できたが、殆どは逃げられなかった。人間の壁がいち早く、唯一の出口である階段を塞ぎ、人々は災害のワナにはまった。彼は、人々が階段の上で生きながら焼かれ、煙と熱の犠牲者になる恐怖の様子を見つめていた……（前出『ファイアージャーナル』）。

彼はその後、厨房を経て裏口から脱出しています。群衆が彼の後に続くなど、冷静に従業員らの指示に従っておれば、あるいは悲劇は避け得たかもしれないのですが、この証言を見る限り、火災発生とほぼ同時に階段でパニックが発生しています。客らは「決して運動能力を失っていた」わけではありません。さらに、ナイトクラブ正面の回転ドア（前図参照）でもパニックが発生しています。以下は救助隊員の話です。

……現場に到着してみると、火災は消防隊により制圧されていた。とはいえ救助作業は続行中で、海軍消防隊はなお必要とされた。彼等はココナッツ・グローブのピーモンド通りの回転ドアに向かった。そこで彼等が見たのは街路上に列を作っている遺体であった。回転ドアのところから遺体を運び出した。そのドアの内側には、遺体が七、八人ものの高さに積み重なっているではないか。総計二〇〇人もの人が、メイン・ロビーの回転ドアの背後でワナにはまっていた……。

何とか出口から逃げようと、人が人の上に次ぎ次と、折り重なるようにして倒れていく様が目に見えるようです。それが回転ドアの前に七、八人もの遺体を積み重ねるような結果になったのでしょう。これでどうしてパニックなどなかったと言えるのでしょう。パニックはこんなむごいことを引き起こすのです。

六本木ヒルズの回転ドアの事故

多少、余談になりますが、日本でも平成一六年三月二六日、東京都の大型複合施設「六本木ヒルズ」内の森タワー二階正面入口で、六歳の男の子が自動回転ドアに挟まれて死亡した事故がありました。その後の対策としては、要はドアに挟まれても、安全装置が働くようにという構造面の問題が盛んに論議されたのですが、誰一人として、回転ドアの持つパニックの恐怖についての議論はしなかったようです。回転ドアの横に通常のドアが併置されていたとしても、いつ、どのような状態でパニックが発生するかは誰も予想し得ないのですから、少なくとも大型複合施設等の多数の人が出入りする防火対象物では、自動回転ドアの設置は控えるべきではないでしょうか。

経産省では全くそのような意向はないようですが、しかし、現に自動回転ドアを設置しているデパート等の多くでは　自主的に撤去を始めていると報道されています。一人が事故になるその影に多数の人がパニックになる事故を、あるいは業者の方のほうが的確に読みとっているのかも知れません。

女性の声でパニック　さて本題に戻って、この階段付近で起きたパニックの引き金となったのは女性の一声だったようです。次のように伝えられています。

……四二年一二月七日付ニューズウィークによると、火災は午後一〇時過ぎに始まった。パニックは、髪が燃えている一人の女性がすすり泣きながら、出火した地階のメロディー・ラウンジから走り出て、〝火事よ！と叫んだことから始まった。その瞬間、炎がフラッシュし、信じられないくらいの早さで椰子の木から装飾品に燃え移った。廊下は煙が渦巻き、窒息するような状態になった。強烈な炎は垂れ幕を焼き、人々の髪の毛や衣服が燃えた。客らはテーブルの下に集まり、人々に踏み付けられて死んだ。他の人々はラウンジから上階に通じる幅二《メートル》弱の階段で躓き、そして階段を塞いだ。約八〇〇人から一〇〇〇人いたとされる人々は、火炎と窒息から逃れようとする大混乱の真っ直中に投げ入れられた。

火炎は階段を経て一階のメーン・バー、そして奥のディナー・ルームに向かい、僅か五分間で達した。一一月三〇日の査問会で消防局の次長は、回転ドアの側面の通常のドアには、いわゆる〝パニックドア〟が設置されていたが、故障していたので防犯上から施錠されていたと証言した。従って、主回転ドアが唯一の出入り口となり、このドアがいち早く動かなくなった。このドアの背後で約二〇〇人近くの人が積み重なって死亡した……（www.surfnetinc.com/chuc/terms15.htm）。

この火災の謎　この火災で大量死を招いたのは、米国の社会学者が指摘するように、パニックであったことは確かですが、しかし、それはあくまで結果であって原因ではありません。このパニックを惹起せしめた原因は、やはり収容人員以上を入場させたクラブ経営者の責任であり、可燃物の存在を見逃した査察員の責任であり、容易に延焼した建物構造等についての建築局の責任であり、さらには消防法規にも問題があったことは確かでしょう。それが証拠に、関係者はそれぞれ起訴されているのであり、回転ドアに関してＮＦＰＡ（全国防火協会）は、爾後、側面ドアの設置を必要とするという基準に改止し、スプリンクラーについてもその設置規模の拡大、さらには非常灯等の設置を勧めています。

しかしそれにしても、なぜ、これほど早く全館に火が回ったのか？　席に座ったまま死亡している人がいたのはなぜか？　死者の肺の損傷がホスゲンによるのはなぜか？　等々が、六〇余年後の現在でも依然として疑問とされ、そしてその調査が行われているのです。

つまり、「……正確には、このナイトクラブの火災がなぜ起きたか十分には説明できない。しかし、最終的に解決するためにはこの科学的調査は続けられる」（前出『ＮＦＰＡジャーナル』）、とされるのですから、火災原因究明の方程式の両辺の釣り合いがとれないという理由で、パニックを持ち出したというような単純な話ではありません。

ところで、次に紹介する事故は、不特定多数の人々が集団となって行動中に、多数の死傷者が同時発生したという点では外見上、あたかもパニックが起きたように見えるのですが、しかしこのような事故はパニックと言えそうにはありません。何となれば、群衆の誰一人として止気を失っていた者はいないのですから。

しかしながら事故の悲惨さからすれば、パニックと同様にいつ、どこで発生するか分からないので、平素からその可能性については十分警戒をしておく必要はありそうです。

(二)　パニックに似て非なるもの

①　群衆流の雪崩現象

(ア)　明石歩道橋事件

事件の概要　平成一三年七月二一日午後八時四〇分頃、明石市（兵庫県）などが主催した花火大会が終了した直後、ＪＲ朝霧駅側から歩道橋に人が流れ込もうとしているところに、見物を終え海岸から駅に向かおうとした人の流れがぶつかり、歩道橋の上で人々は身動きできなくなったところへ群衆雪崩が発生し、幼児を含む死者一一人、重軽傷者一三二人という大惨事が起きました。

問題の歩道橋は、幅六メートル長さ約一〇〇メートルで、南端部で西に九〇度折れ、幅三メートルの階段を降りて会場に行くようになっているのですが（次頁図参照）、この歩道橋が会場への唯一の導線（迂回路もあったが、かなり遠い）であったため、朝霧駅で降りた約三万人の見物客は、その殆どがこの狭い歩道橋を通って会場に向かおうとしたのてです。歩道橋は花火の始まる一時間前から混雑し始め、花火大会が始まる午後七時四五分には、歩道橋の南半分では一歩も進めなくなっていました。事故は花火の終わった直後の午後八時四〇分頃に発生しました。会場から帰ろうとする群衆流が、会場に向かおうとする群衆流を遮るような形の中で発生したのです。

　この事故に関しては明石市の事故調査委員会（委員長、原田直郎・元大阪高裁長官）が、調査結果をまとめた報告書が平成一四年一月三〇日に市に提出されているのですが、その内容の一部について、概略次のように報道されています（例えば、一月三一日付朝日）。

……歩道橋（長さ約一〇〇《メートル》、幅約六《メートル》）の上で最大時で約六四〇〇人が滞留していた。一平方《メートル》あたり一三～一五人という超過密状態となり一人あたり約一三〇～二〇〇kg以上の力を受けた状態で「群衆雪崩」が発生した。事故は午後八時四五分から五〇分頃にかけ、歩道橋の南端部付近を起点に発生した。見物客六、七人が折り重なって転倒、高さ約一・五《メートル》に達する人の山ができ、三〇〇人から四〇〇人の人が巻き込まれた。

　同一方向に人が倒れる「将棋倒し」ではなく、両足が浮き上がるほどの超過密状況の中でかろうじて支え合っていた群衆のバランスが崩れ、四方八方からねじれるように倒れた群衆雪崩だった。群衆によって生じた圧力は、進行方向に向かって幅一《メートル》あたり約四〇〇kgだったと推定。「大人でも胸部圧迫による呼

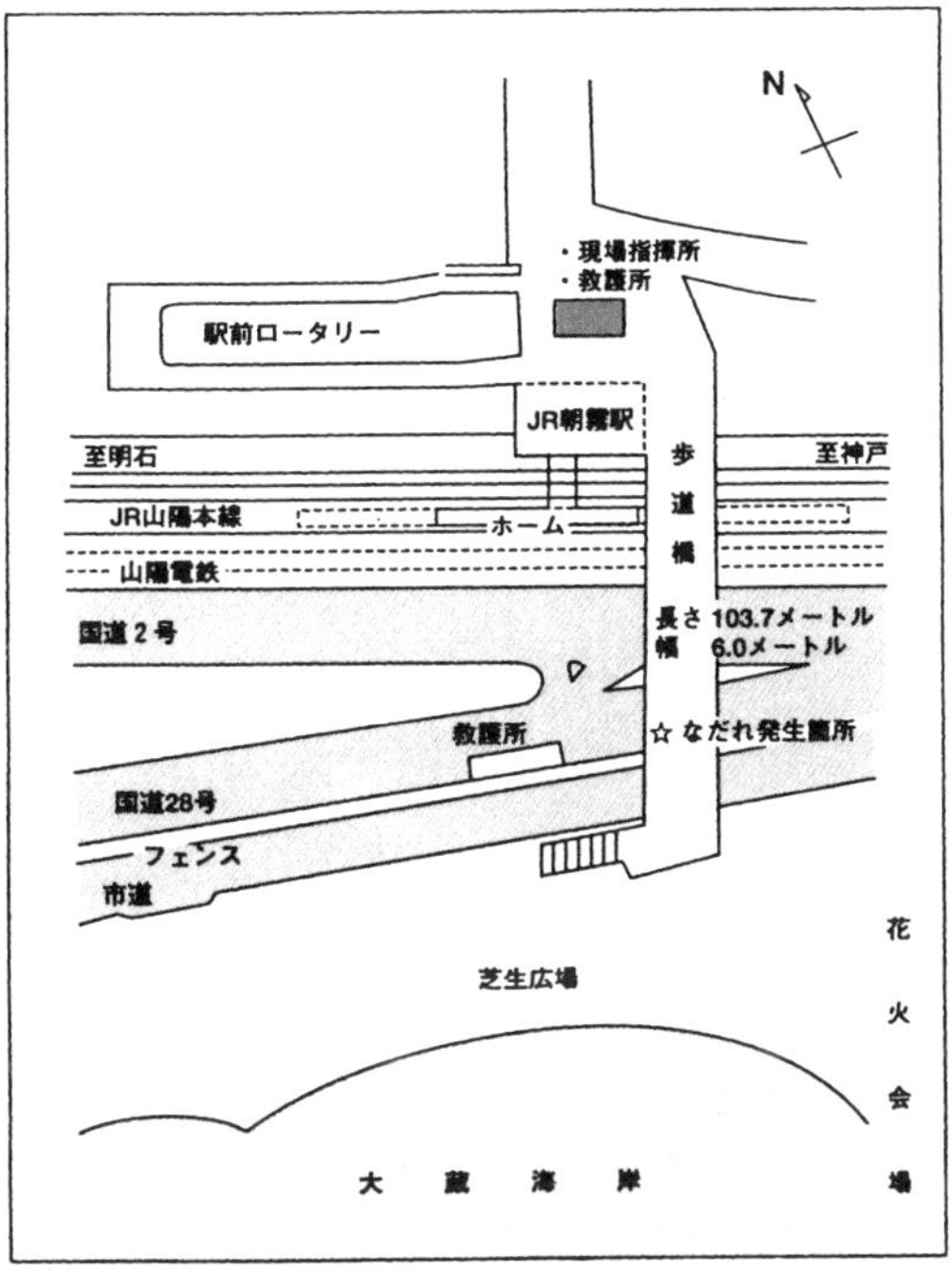

明石歩道橋付近の略図（『予防時報』'02年208号）

種類		例示	群集の行動能力			
			①平均歩行速度		②流出係数	
			水平（V）	階段（V'）	水平（N）	階段（N'）
A種	自力のみで行動ができにくい人	重病人、老衰者、乳幼児、知的障害者、身体障害者など	0.8 m／秒	0.4 m／秒	1.3 人/m・秒	1.1 人/m・秒
B種	その建物内の位置、経路などに慣れていない一般の人	旅館などの宿泊客、商店・事務所などの来客、通行人など	1.0 m／秒	0.5 m／秒	1.5 m／秒	1.3 人/m・秒
B種	その建物内の位置、経路などに慣れている身心強健な人	建物内の勤務者、従業員、警備員など	1.2 m／秒	0.6 m／秒	1.6 m／秒	1.4 人/m・秒

要避難者の行動能力による分類（堀内三郎『新版建築防火』）

吸困難で立ったまま失神することもあり、まして子供や高齢者にとっては極めて危険な状態」だったと指摘している……。

常に避難計算を！　通常、一平方メートルあたり一〇人で周囲からの体圧を感じ始め、一二人になると悲鳴や怒号が上がり始め、一三人を超すと周囲の圧力で体が浮き上がり、まったく自由が利かなくなると言われています（例えば、高橋邦男『パニック人間学』朝日新聞社八二年、四二頁）。当時、この歩道橋には最大時に一三人〜一五人／平方メートルいたというのですから、右の数字と極めてよく合致しています。

　ところで、防火管理関係者としては「避難管理」も防火管理業務の一環として非常に重要なのですから、このような事故例に接して、では、どうすれば防止し得たのかという対策を考える必要があるのはいうまでもありません。そうすると、まず必要なのは、この歩道橋の構造から何人の人が混雑なく通行できるのか？　という解です。これを表によって計算すると以下のようになります。

　歩道橋南端の階段は三メートル幅なのですから、一・三人／メートル・秒（表中B種の流出係数）×三＝三・九／メートル・秒となり、この階段から毎秒約四人が降りることができるということになります。そうすると、この歩道橋は長さ一〇〇メートルあるのですから、南端の階段付近で混雑を起こさない程度の人の流れというのは、毎秒四人までで、それが一〇〇メートルの橋を渡り切るのに一〇〇秒かかる（表中B種の歩行速度）のですから、結局、この橋の上には四〇〇人しか入れないということになり、それ以上になれば混雑の度合いが高くなるということを示しています。つまり、この歩道橋上の収容能力は僅か四〇〇人に過ぎないということになります。

それでは、幅六メートルの歩道橋に対して階段は南端の階段が一つのみで、それが幅三メートルなのですから、反対側（前図参照）にでも、同じ幅三メートルの階段をもう一つ増設したら、この事故は発生しなかったのでしょうか？

増設すれば歩道橋上の収容能力は八〇〇人と倍増はするのですが、当時、歩道橋の上には最大時六四〇〇人が滞留していたとされるのですから、とてもこれでは事故防止のための有効策と言えそうにありません。そうすると、この事故の最も有効な防止対策としては、せめて周囲の人の体圧を感じない程度の一〇人／㎡まで、橋の上で五〇〇〇人以下程度になるように、人の流入を押さえ込んでいれば、あるいは本件のような事故は発生しなかったかもしれません。このような雑踏事故は、一見すると防火管理と関係がないように思えるのですが、実はそうではなく、ビルにおける避難計算が立派に役立つのです。

しかし、いずれにしても階段は一つでその流出能力は約四人／秒に過ぎないのですから、歩道橋上に人を滞留させればさせるほど、群衆崩壊の危険度は高くなることに雑踏警備関係者は、もっと早い時期に知っておくべきだったのです。

本件事故の責任　この事故により、明石警察署地域官、警備会社大阪支社長、明石市市民経済部長、同次長、同観光課長の五人が、それぞれ業務上過失致死傷罪に問われていたところ、平成一六年一二月一七日神戸地裁で、「五人は注意義務を怠って事故が起こらないと軽信し、適切な措置を取らず漫然と放置した」として、地域官及び支社長については禁錮二年六月の実刑、経済部長ら三人には、禁錮二年六月執行猶予五年の刑がそれぞれ言い渡されました。特に事故防止対策の一つとしての流入規制については、判決は概略、次のように述べています。

……歩道橋とその周辺には警備員が約二〇人、歩道橋南側には明石市の遊撃隊員約一二人がおり、資器材も準備され、流入規制をすることは可能だった。午後七時三〇分頃までに歩道橋両側で規制していれば、危険な滞留を生じさせることを回避できたと考えられる。市関係被告や支社長はまず、迂回路への誘導と分断などで歩道橋への流入を規制し、事故の発生を防止する義務があった……。

本件判決もまた、この事故の防止対策は一に、人の流入防止にあったと断じています。規模の大小の差はあっても、同種事故は各防火対象物であっても起きる可能性は高いはずです。歳末売り出し中のデパートの地下売場などの危険性は、その最たるものと言えるのではないでしょうか。

(イ) 弥彦神社群衆雑踏圧死事件

二つの群衆流が激突　ところで、明石市の歩道橋事故と全く酷似している群衆雑踏事故は、既に四五年前に発生していました。有名な弥彦神社群衆雑踏圧死事件です。この事件についての解説には、明石市歩道橋事故で脚光を浴びた「群衆雪崩」の語が既に使われていますから（例えば、安倍北夫『災害心理学序説』サイエンス社、八五年）、群衆流の危険性はこの事故以来、公知の事実であったわけで、にもかかわらず、この教訓を生かそうとしなかったことが、明石市の歩道橋事故に結びついたと言う他ありません。弥彦神社事故の内容を知れば知るほど、何と似ているものかと、思わずため息が出そうになります。

弥彦神社は新潟県にあるのですが、行ってみると何の変哲もない、ごくありふれた神社で、なぜこんなところで大事故が発生したのか、と思うような場所でもあるのです。しかし、それが昭和三一年元日に悲劇の場に一変しました。弥彦神社では毎年、年末の夜半過ぎの参拝客がそのまま境内で年を越し、元旦早々に再び参拝して帰るという〝二年まいり〟という風習があり、神社の方もこの宣伝に、拝殿の広場で紅白の餅撒きをするのが恒例で、これが人気を呼んで毎年参拝客は増える一方だったようです。

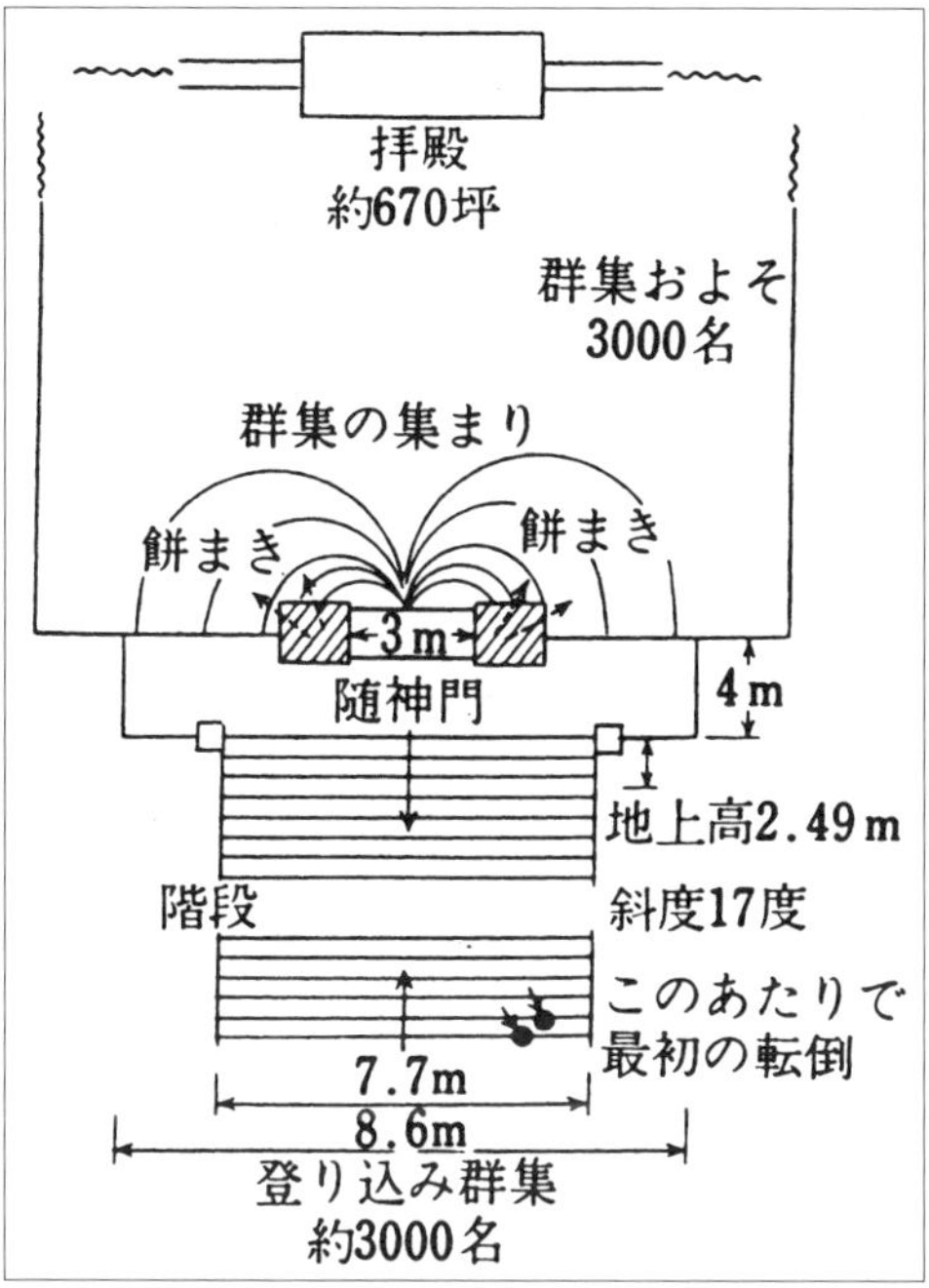

弥彦神社境内の概況（『災害心理学序説』より）

当日、午前零時に餅撒きが行われ三分ほどで終了しました。広場には約三〇〇〇人ほどの群衆がいて、ようやく帰りかけたのですが、出入り口はただ一つ、それも幅三メートルです（上図参照）。

しかもこの出入り口は直ぐ階段が接しています。現地で見れば段数も少なく、危険などあまり感じないような場所なのですが、事故はこの階段付近で発生しました。その最大の原因はちょうど運悪く、列車の到着が遅れて焦った参拝客約二〇〇〇人が、急いで階段を登って門内に入ろうとするのと、帰ろうとする約三〇〇〇人の群衆とが、この階段付近でモロにぶっつかったからに他なりません。このときの状況について『災害心理学序説』（安倍前出一五七頁）は、概略次のように述べています。

……この二つの大群衆の押し合いは当然上方の者が足場上強くなる。こうして上下の群衆は押し合い入れ替わり、やがて上方の群衆はその密度一二名とか一三名を保ったまま階段を押し下ることになった。

裁判記録の鑑定書によれば、階段面上の群衆圧力のみで計算して、対抗し合っている接触面に生じる圧力を二四《トン》、さらに段上から門内に続く群衆幅三《メートル》、奥行き八《メートル》として有効圧力を計算すると、七・二《トン》がこれに加わる。かくして群衆の接触面界で推定約三〇《トン》の圧力では失神者が続出する。こうしてまず最初の脱落者が石段の下段で生じ、その空隙に次の者が落ち込み、さらに広がった空隙により強く次の者が倒れ込む。あっという間に阿鼻叫喚の地獄が起こった。死者実に一二四名、ほかに重軽傷者一七七名が、ほんの一瞬時にして生じたのであった……。

関係者の処罰　逆行する二つの群衆流があったこと、その総数は約五〇〇〇人であったこと、特に上方の群衆密度は一二～一三人／平方《メートル》で事故が発生していること等々、まるで明石の歩道橋事故のコピーを見ているような思いがします。ただ異なるのは、被害者の差ですが、これは明石市の場合は水平面での事故であるのに対し、本件の場合は少なくとも段差が二・五《メートル》近くある階段からの落下が、その被害を大きくした違いなのでしょう。

ところで当時問題になったのは、このような群衆の雑踏による圧死という悲惨な事故を招いたのは、刑事事件として処罰し得るかどうかという点にありました。そもそも事故が起きたのは列車の遅延という不測の事態が大きな原因でもあるのですから、果たして事故発生に対する予見可能性があったか否かという点で争われたのです。もし、神社側として予見可能であれば、往路と帰路とを分けるという対策も講じられでしょうし、警察に対しても、その点を中心とした雑踏警備の依頼があったはずなのですが、警察自身も境内内の警備は殆ど行っていないのですから、当時としては群衆雑踏事故ということの関心は相当低かったのでしょう。

このためか、権宮司ら三人の神社関係者が過失致死罪で起訴されたのですが、一審（巻簡判昭三五・七・一五）は、群衆事故に関する知識と危険の認識が、いまだ社会通念となるまで一般化していなかった当時において、群衆の滞留現象を直接原因とする本件のような事故を予見することは客観的に不可能であったとして、全被告人を無罪としました。しかし、控訴審では、群衆行動は科学的に究明されていなくとも、極度に群衆が密集すれば人身事故を生じるおそれがあるという程度のことは、公知の事実であるとして全員有罪（東京高判昭三九・二・一九『判時』三七三号四七頁）、そして最高裁もこれを容認していいます（最決昭四二・五・二五刑集二一・四・五八四。以上『判例刑法研究』有斐閣八〇年、一八七頁）。

群衆雑踏の怖さを知ろう！　この事故から四五年後に発生した明石市歩道橋事件では、さすがにこの予見可能性は問題にもなりませんでした。「歩道橋の構造や、歩道橋南端部や南側階段が絶好の花火観覧場所となることから、そこに参集者が滞留し、特に花火の終了直後に大混雑を生じることが容易に予想し得た……」（前出判決要旨）としています。

しかし問題は、イベント関係者には常識の範囲であるとしても、果たして一般の市民の方々に、この「極度に群衆が密集すれば人身事故の生じるおそれがある」ということが、どれほど理解されていたかどうか？ではないでしょうか。大混雑が予想されるイベント会場に、悠々と嬰児をバギーに乗せて歩いている夫婦などを見かけると、ついついこの思いを強くします。明石市の歩道橋事件にしても、もし、あの現場の混雑を見て、これは危険だと引き返すだけの知識を持った家族なら、悲惨な事故に遭わずに済んだのではないでしょうか。群衆雑踏事故はパニックそのものではないにしても、パニックと同様の恐ろしさを持っているのです。

② パニックになりそうでならない〝平常化の心理〟

(ア) 韓国大邱広域市地下鉄火災事件

煙の中で避難もしない乗客

不思議な光景　平成一五年二月一八日午前一〇時前、韓国の大邱広域市の地下鉄中央路駅構内で、到着した安心駅方面行きの列車の先頭車両にいた乗客による放火で火災が発生、折から反対のホームに到着した列車にも延焼、大規模火災となって駅舎等を焼くとともに、死者一九八人、負傷者一四五人を出すという大惨事になったことはまだ記憶に新しいところです。

この火災がテレビ等で報道される際に、同時に何回も紹介された不思議な映像を覚えておられる方も多いのではないでしょうか。それは火災発生後に、反対ホームに到着した列車の中の乗客の態度なのです。刻々と車内の煙が増加していくにもかかわらず、平然と発車を待ち続けている彼等……。かえって映像を見ている方がパニックになりそうな光景です（写真参照）。この間

「逃げろ！」「助けて！」の悲鳴
（9時53分）

の状況を時系列で見ると次のようになります。

九時五二分　安心駅方面行き列車到着。同時に先頭車両にいた犯人が、引火性液体にライターで放火。
九時五三分　出火車両のドア開く。白煙が広がり、火の着いたジャージ姿の犯人が飛び出す。
九時五四分　消防が一一九通報を覚知
九時五五分　運転指令室から到着しつつある列車の運転士へ「駅構内に入るときに注意。火災が発生している」と連絡。
九時五六分　反対側ホームに列車到着。
九時五七分　構内の通電停止

この後、九時五九分くらいまで、列車運転士と運転指令室との間で、支離滅裂な受け答えが続くのですが、いずれにしても到着してから、最大に見積っても三分間くらいでしょうか、煙がひどくなるにもかかわらず、乗客らは逃げようともしないのです。なぜ彼等は逃げなかったのでしょう？

この問題を取り上げ、当時、この車両にいた乗客に取材した様子が、テレビ朝日の水曜スペシャル「生死を分ける落とし穴」（〇四年六月一六日午後七時～九時）に放映されました。その中でアン・セフン（二二歳）さんは、次のように語っています。

……ちょうど、アルバイト先に向かう途中で、煙が入ってきたのは知っているし、ちょっと怖かった。し

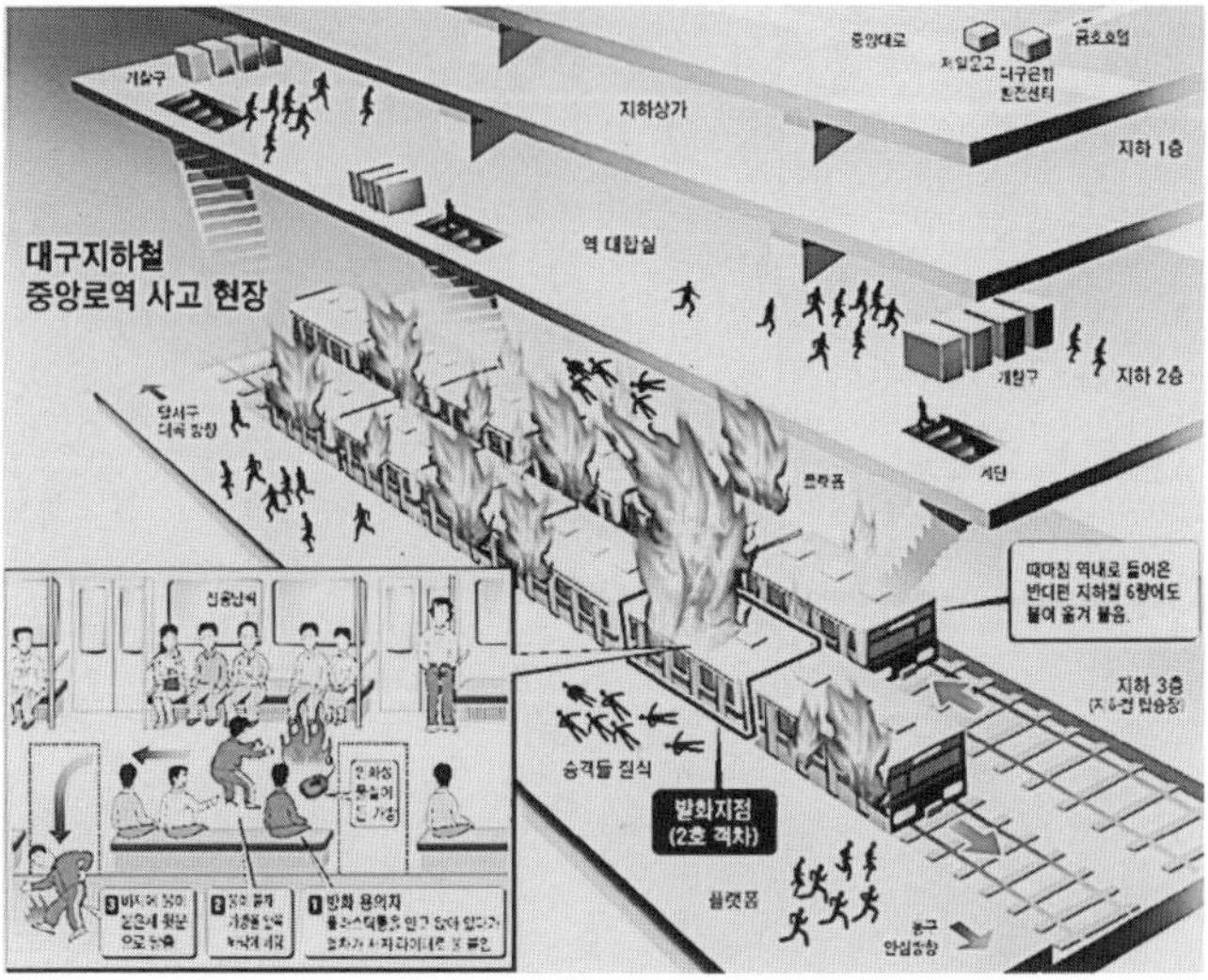

地下鉄中央路駅の構内図

かし、逃げようとは思わなかった。なぜかと聞かれると自分でも不思議だと思っている。ドアが開き煙が入ってきた。駅が火事だとは知っていた。すぐドアが閉まり、遠くの方で燃えていたようだ。まあー大丈夫かなといった感じ。アナウンスがあって外に出るなと言った。すぐ出発すると言う。危険とは思えなかった。しばらくすると直ぐ逃げよ！　と言う。新聞紙で口を覆って逃げ出した。これじゃ死ねと言わんばかりだ。すぐ逃げていたらこんなに多くの死者を出さずに済んだのではないか……。

平常化の心理とパニック　人間は自分にとって都合の悪い状態に出会ったとしても、なるべくそれを自分にとって有利なように、有利なように解釈しようとします。一般的には、これを「正常性の偏見」（normalcy bias）と呼ぶことが多いのですが、「正常化の偏見」ではもうひとつピッタリしないという向きには、「正常化の心理」という方が分かりやすいかもしれません。

要するに自分に都合のよいように、勝手読みするという心理状態を指すのです。火事で言えば昔から「対岸の火災」という言葉がありましたが、これも火事は対岸の出来事であって、自分の家では火事は絶対に起きないという実に勝手な考え方です。人間というものは知らず知らずのうちに、このような「正常化の心理」に陥っている場合が多いのです。

　この地下鉄火災の場合、乗客が逃げようとしなかったのは、一つには車内放送があったことも確かなのですが、それにましてアン・セフンさんが言ったように、「まあー大丈夫かな」という平常化の心理が、彼等を強く引き留めたに違いありません。

　しかし、平常化の心理の裏返しはパニックです。災害に対して平常化の心理で対応出来ないとなると、次には極端なパニックに陥ります。「まあー大丈夫かな」から「これじゃ死ねと言わんばかりだ」と状況は急変するのです。事実、地下鉄火災の犠牲者の殆どは、後から駅に入構してきた列車の乗客だとされています。もちろん、避難時期が遅れたということもあるのでしょうが、逃げ出したときの乗客の殆どがパニック状態であったことも確かでしょう。つまり、平常化の心理が、災害の際の避難に、いかに阻害要件になるかを示しているのです。次の事例も、避難が、平常化の心理によって阻害された有名な事例です。

(イ)　長崎豪雨災害

天が破れる！　昭和五七年七月二三日夕刻から未明にかけて、長崎市を襲った局地的豪雨は午後七時台の時間雨量一一五ミリ（二四時間雨量四七七ミリ）という、この地域では六〇〇～七〇〇年に一回と評価されるほどの猛烈な集中豪雨となりました。このため、坂の街長崎では急勾配の河川はみるみるうちに増水、市街地を流れる中島川、浦上川などが氾濫、暗渠はたちまち溢れマンホールから水が噴出、濁流は道路や市街地に流れ込み、国道や市内の道路はすべて冠水して川のような状態になりました。

このため多くの車は路上で浮いて流されたり、冠水で立ち往生するなど車やドライバーに大きな被害が生じたのですが、一方、通勤帰りの市民にも大きな被害が出ました。その理由について『長崎水害における組織の対応』（東大新聞研究所八三年、一一頁）は次のように伝えています。

「……市街地の中心部は多数の職場帰りの者、歓楽街で飲食中の者で賑わっており、雨の激しさに気付いて帰宅を早めた者もいるが、大部分の者は危険を予測せず、その地域の居住者や従業員などを含めて、それらの人びとは水が膝ぐらいまできてもあまり驚いておらず、そのうち水は引くだろうと楽観している者も多く、膝から腰、やがて胸や首まで水位が上がって初めて、事の重大さに気付いてぎりぎりのところで、避難しており、なかには逃げ遅れ、バス停の屋根に上がり、または電柱に登り、滑り落ちないように必死にへばりついて水の引くのを待つ者もいた……」。

さらにこの集中豪雨は、傾斜地住居にも崖崩れ、山崩れ、山津波など計四一カ所の被害を発生せしめ、死者等二六二人、流失全壊世帯四六三、床上浸水世帯は一万六七一四にのぼるという大被害を出したのです。

長崎市の油断　長崎市ではこのように大きな被害を出したのですが、降雨量としては殆ど変わらなかった隣り合わせの諫早市では、次表のようにまったく被害らしい被害を出していないのです。

	諫早市	長崎市
死者・行方不明者	二人	二六二人
重軽傷者	一人	七五四人
床上浸水世帯	九五一	一万六七一四

この差はどうして生じたのでしょう？「諫早市では、市民も敏感だ。八時半、本明川の水位が警戒ラインに達すると、沿岸住民は自ら避難を始め、市役所にも六、七〇人が集まった。浸水し始めたある地区で、周りがみな避難しているのに『おれは大丈夫だ』とひとり頑張っている家があった。最近、長崎市から越してきたばかりの人だった」（前同一七頁）。ちなみに諫早市では、「諫早水害」（昭和三二年七月二五～六日）で、死者・行方不明者五八六人という大被害を出しているのですから、この教訓が見事に生かされたのです。これにひきかえ長崎市に油断があったのは明らかです。ではなぜ、長崎市は油断をしたのでしょう。その一つの原因が警報の軽視だったのです。

警報と平常化の心理　「……（警報）のテレビ・ラジオに接した市民の反応も緩慢だったようである。端的に言えば、警報を軽視した数時間後に発生する惨事などを想像だにしなかったのである。その要因は、警報発令の時点で、市内には殆ど雨が降っていなかったということもあるが、七月一一日から前日までの一二日間に、大雨・洪水警報がすでに四度も発令されており、しかも、一度も被害が出なかったという事実によって、防災機関の職員や市民の間に『今度も大したことはあるまい』という意識が、かなり広範に存在していたことに求められよう」（前同九頁）。ちなみに、警報発令状況は次の通りです。

七月一一日　大雨洪水警報（降雨量一三一・五ミリ）
七月一三日　二回目（四七・五ミリ）
七月一六日　三回目（二一ミリ）
七月二〇日　四回目（二四三ミリ）

七月二三日　午後四時五〇分警報発令（四八八ミリ）

しかし、この二三日の警報発令の時点では、長崎市役所の警戒本部では職員が二人しかいなかったと言われているのですし、大雨洪水警報が発令されても、又かの気分の方が強かったのですから、適切な措置が執られるはずがなかったのです。被害が出始めた午後八時半になって、市災害対策本部が設置されたのですが、既にこの時には電話不通、交通途絶していたのですから、職員の参集もままならず、災害対策が後手後手に回らざるを得なくなるのは当然というべきかもしれません。災害が目の前に迫っているにもかかわらず、何の理由にもないのに、大丈夫、大丈夫と我が心に都合が良いようにと、平常化の心理が働くと、以上のようなとんでもない結果を招くことになるのです。用意周到であった諫早市と比較すると、長崎市とその住民の油断はあまりにも歴然としています。

警報は頭上の敵機　しかし、人間は残念ながらこの「平常化の心理」と、そうは簡単に縁が切れそうにはありません。確かに連日大雨洪水警報が出されれば、人間誰しも又かという気持ちになるのは当然で、多分、大丈夫だろうという平常化の心理が働くのは否定のしようがありません。だからと言って警報を軽視してよいというわけではありません。あくまで警報は「頭上の敵機」と考えなければなりません。もし、対策を実行し、それが仮に空振りで終わったとしても、幸運に恵まれたと考えるべきでしょう。空振りに腹を立て、警報は信じないとする態度こそ次に大災害を招きかねないのです。

平成一五年九月二六日午前四時五〇分頃、北海道襟裳岬沖を震源とする強い地震（M八・〇）がありました。死者こそ発生しなかったものの負傷者四四三人、苫小牧の出光興産北海道製油所で火災が発生、あるいは釧路町で一・二メートル、浦河町で一・三メートルの津波が発生するなどの被害が発生しました。

さて問題は、この地震の際に周辺一四自治体三万六〇〇〇人の住民に対し、避難勧告が出されたのですが、しかし、実際に自治体が予め定めた避難場所に避難した人は一六％に過ぎなかったとされています。しかし、津波警報を軽視したのは何も住民ばかりではありません。札幌管区気象台は二一の自治体に津波警報を出したのに、そのうち七つの自治体は避難勧告を出さなかった（以上、平成一五年一〇月二〇日付日経）というのです。要するに油断したのは長崎市ばかりではありません。人間にとって「平常化の心理」と縁が切れない以上、この問題は災害発生と常に背中合わせなのです。

平成一六年九月二〇日、日本列島を縦断した台風二三号は各地で大きな災害の爪痕を残しましたが、同時に台風時の避難の困難さを示した台風とも言えるようです。例えば、岡山県の玉野市では、二〇日朝から市が自主避難を呼びかけていたにもかかわらず「命令じゃないし、大丈夫だろう」と真剣に受け止められず、斜面の崩壊までに避難した住民は殆どいなかった（同一〇月二六日付朝日）とされているのですが、避難が遅れた結果、土砂崩れで七棟全半壊、五人が犠牲になりました。

この台風の際、大きな被害を受けた兵庫県の豊岡市でも、全市民四万人中、避難したのは僅か三七〇〇人程度であり、住民の避難が遅れ後にボートやヘリで救出される羽目になったのですが、そのおり、問題になったのは市の出す「避難勧告」が、「避難指示」に比較して、切迫性を住民に感じさせないということでした。しかし、それが勧告であれ指示であれ、既に暴風雨・大雨警報は出ているのですから、少々の時期のズレはあっても、早期避難が原則である以上、こんな理屈をこねるまでもなく、避難をすべきであったのです。それを阻害したのは要するに「平常化の心理」に他なりません。

さて以上で、火事や地震の際に人間は、いかにパニックになりやすいか、あるいは、そのパニックはなぜ起きるのか、さらには外見上パニックと類似しているものの、パニックではない群衆雑踏の恐怖、ないし、それ自身パニックは起こしそうにないが、しかしパニックと直結している「平常化の心理」等について検討してきたのですが、それでは最後に、果たしてパニックは防止できるのかどうかについて考えてみたいと思います。

第四章　パニックは防止出来る！

（一）パニックに打ち勝つために

①　パニックには高圧的に制圧

デパートでパニック発生　昭和四九年三月二七日午後一二時三〇分頃、下関大丸百貨店で得意先特別招待売り出しが行った際に、二階及び地階で発生したパニック騒ぎ（負傷者二〇人）は、子供用品売場のショーケース下で発生したコードの短絡による火花と煙が原因でした。「スパークとともに、煙が立ち上り、ボッという音と発煙量が急に増えたため、客が『煙が……火事っ。爆発……』と叫んだため、現場付近は大混乱となった」（『多数の負傷者を出した百貨店火災事故の詳報』下関消防本部）と述べています。以下はその概要です。

……当時、千日デパートビル火災（昭和四七年）、大洋デパート火災（昭和四八年）と大災害が引き続いた後だけに、買い物客が神経質になっており、ちょっとした引き金でパニックが発生した。

買い物客は叫び声をあげながら通路から中央階段の方へ押し合いながら流れ込み、客は悲鳴と共にバタバタ倒れ、その上を何人かが踏み付けて通った。このような現象はエスカレーターでも起き、折り重なって倒れた人々の上を踏んで通ったり、エスカレーターの手すりに跨って降りた。しかし、幸い特別招待であったので、買い物客の中に乳幼児や高齢者がいないこともあって、パニックは一瞬にしておき、一瞬にして収まり、このため死者が出なかった。

しかし、場合によっては十分に死者が発生する可能性はあった。注目すべきは、二階で発生したパニックがいったん収まったその直後に、再び地下売場で同様のパニックが発生しかけたことである。デパート側の対応が悪ければ、一つのパニックが引き金となって次々と各階に普及して、ついには大規模パニックになることも十分予想された……。

パニックを制止するには！　我が国のデパートで右のようなパニックが起きた事例は、筆者の知る限りこの事例以外は皆無だと思うのですが、その貴重な事例について述べられているだけに、本例は参考になるのではないでしょうか。こんなことからパニックが発生するのかと半信半疑のような思いがするのですが、しかし、本書の第一章で述べた米国の最近のナイトクラブ〝E２〟のパニック事例（一四頁参照）などは、警備員のスプレーによってパニックが発生しているのですから、背景次第ではこんなことからでもパニックは起きるのです。また、次にパニック対策が述べられているのですが、これも滅多にない事例に基づいているだけに、貴重な資料と言えそうです。

●いざという場合、お客様は神様と思わず、「静まれ！」、「叫ぶな！」といった威圧的言葉の方が効果がある。

●デパートの従業員は通常なるべく目立たない服装をしているが、この姿ではいくら叫んでも効果はない。従って万一に備えて、大きめの目立つ色の腕章をつけるなどする。腕章をつけた巡回保安員が両手を挙げて制止すると効果があった。
●制止しようとする従業員は群衆流に巻き込まれるおそれがあるので、誘導・制止しようとする高い位置が望ましい。陳列ケースの上に上がって大声で叫ぶと極めて有効であった。
●全館放送を早めにするのはいうまでもないが、各階それぞれの状況を各階で放送する必要もあるので、「各階放送」ができる拡声器などが必要である。
●階段を上り下りに分ける「手すり」を設ける。できれば下りを色分けして矢印を設ける。
●通路、曲がり角、エスカレーター、階段周辺のエプロン等、買い物客が集中する位置にはマネキン人形、姿鏡、吊しハンガー等の倒れやすい物は一切置かない。
●各通路はできるだけ余裕をもたせること。通行に支障が出ないよう常に心がけること。
以上、いずれも実戦的見地からの対策であるだけに役に立ちそうです。しかし、パニックがいったん発生したら、それを止めるのは至難の業だという次のような意見もあります。

「……急性パニックについていえば、これに対する有効適切な対策はなかなかむつかしい。というよりも、この種のパニックは一旦生じたならば手の施しようがないのが普通である。たとえば、ビル火災で火と煙に追われた人たちが無我夢中に逃げまどい、狂気のごとく脱出口を探し求めて混乱するという場合に、その混乱に対して一体どんな有効な対策が考えられるだろうか……」（岡部慶三「パニック論を再考する」『月刊消防』八二年六月号一頁）。

しかしながら、逃げまどう群衆の前に、突然、非常口が出現したら、たちまちこの群衆のパニックは沈静するでしょうから、急性パニックであったからといって、何の手も打てないとまでは言えないのではないでしょうか。現に右の下関大丸では、何とか暴走する群衆を止めようとして、各係員が必死の努力をした様子がよく窺われるところです。パニックだと最初から戦わずして諦めるのではなく、特に平素からパニック防止のために諸準備を整えておくことこそ、パニックに打ち勝つことができるのです。

次の事例は、危機一髪、まさにパニックが起きようとしたときに、リーダーの一声で制止されたというものです。

② 利いたリーダーの一喝

着陸寸前に　三隅不二二「避難誘導と人間行動」『自然災害の行動科学―応用心理学講座3』福村出版八八年、六〇頁）に、次のような事例が紹介されています。

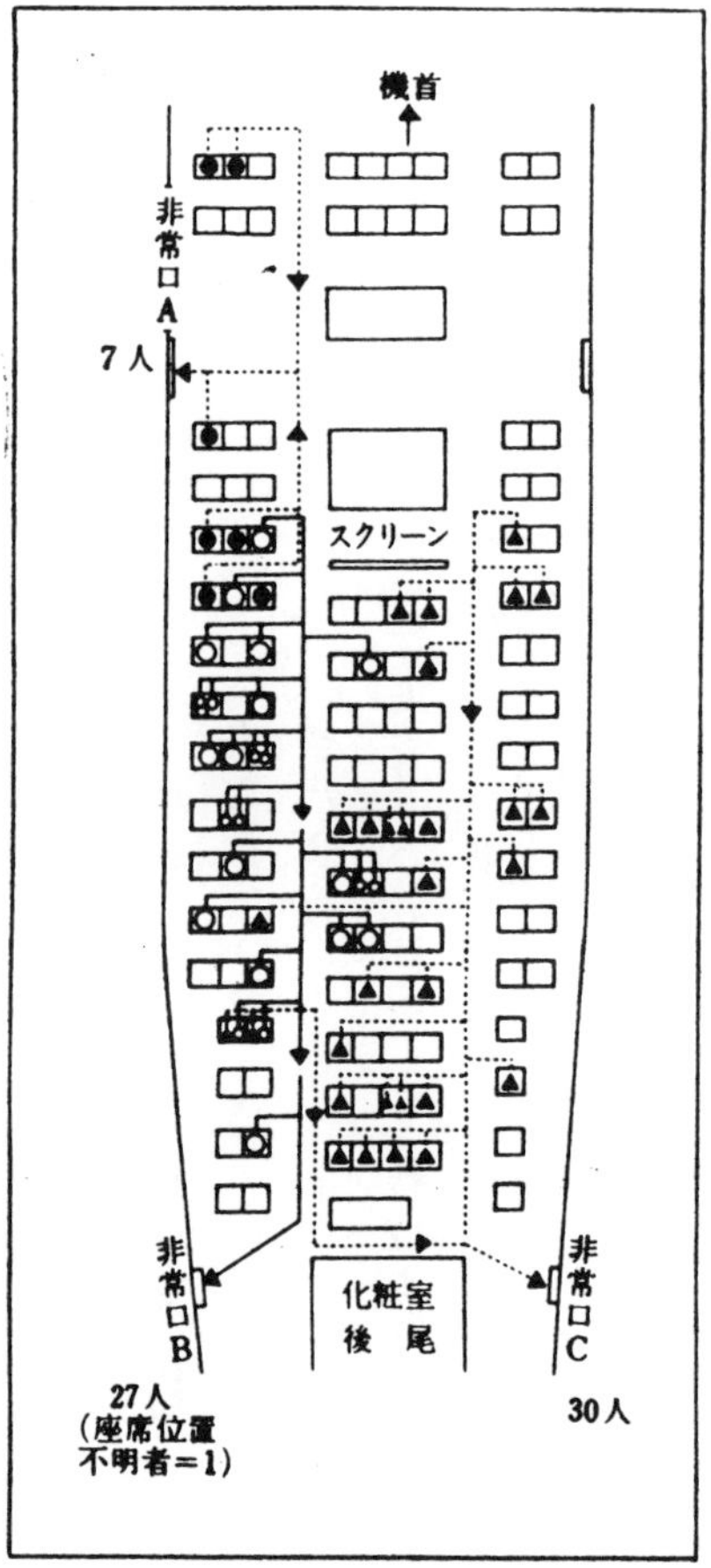

事故発生時の乗客の座席位置と避難経路

昭和五五年一一月一九日午前七時二五分頃・韓国金浦空港に着陸しようとした大韓航空ジャンボ機（B747）が、着陸に失敗して炎上しました。乗員、乗客合わせて二二〇人、このうち、日本人乗客は八三人だったのですが、この事故による死者八人のうち日本人乗客は僅か一人に過ぎませんでした。その理由は、日本人団体客の二人の添乗員が、事故発生とともに実に適切な避難誘導を行ったため、パニックも起こさず無事に脱出することができたとされているのですが、その時、添乗員はどんな行動を取ったか、次のように述べられています。

「着陸の仕方が異常だったので、事故だと思った。窓を見たらエンジンから火が出ていたので、『死ぬかもしれない』と思った。やがて滑走路らしきものが見えた。期待は比較的安定していたので、『助かるかもしれない』と思った。機体が三度ぐらいバウンドした後、機体の前部の天井が落下し、機内のスクリーンが落ちた。機内からキャーッという悲鳴があがり、客席が一時騒然となった。このとき、『落ち着け！』、『大丈夫！』と叫んだ。この言葉で客席は静まり、自分も落ち着いた。次に『手すりをしっかり握れ！』と三回ほど繰り返した。

機体が停止するまでの間、非常口はどこにあるか、一番近い非常口はどこかと考えた。もちろん、自分が助かりたいという気持ちはあった。機体が停止した後、直ちに『非常口』と叫び、指差しながら外国人とともに、後部右側の出口（出口Ｃ）に走った。乗客が後に続いてきた。出口を開けるまでの間、乗客から背中を押された。それで、『開くまで待て！』と言って、手を広げて乗客を制した。乗客はこの制止を聞いて、押すのをやめた……」。

リーダーの一声

騒然とした機内から悲鳴が上がり、今まさにパニックが起きようとしたとき、力強い添乗員の「大丈夫だ！」の一声が騒ぎを鎮めたのです。もし、この時、添乗員が我を失い動転して、乗客に何の指示もせず、非常口目指して最初に走り出していたら、たちまち乗客も我先にその後に続き、収拾のつかないパニックが発生していたに違いありません。

そうすると、添乗員はなぜ落ち着いて指示をするこができたのかということになるのですが、彼も人の子、異常な着陸状態を知っておそらくパニックになりかけたのでしょうが、しかし、窓から機体が安定しているのを知って、あるいは「助かるかも」と思ったことが、心の支えになったのでしょう。それが「落ち着け！」「大丈夫！」に繋がったのです。

この場合でも添乗員は非常口の手前で、両手を広げて大声で乗客を制止しています。下関大丸の警備員と全く同様のことをしています。そしてこれが効果を挙げているのです。パニックはいつ、どこで、どんな形で発生するかは分かりません。だからといって、これを全く制止できないというわけではありません。最初からパニックは止めることはできる、などと諦める必要は毫もありません。これらの事例のように、とっさの判断で止めようとすれば、制止し得る可能性もあるのですから、平素からのパニック対策こそが大事なのです。

（二）　天は自ら助くる者を助く！

①　世界貿易センタービルの避難の悲劇

専門家がパニック？　二〇〇一年九月一一日午前八時四六分、ハイジャックされたアメリカン・エアライン一一便のボーイング７６７が、世界貿易センター（ＷＴＣ）の北タワーに激突、その衝撃の被害は九三階

〜九九階に及び、さらにその一六分後の九時〇三分、二機目のハイジャックされたユナイテッド・エアライン一七五便のボーイング７６７がＷＴＣの南タワーに激突、その衝撃の被害は七七階〜八五階に及びました。

ＷＴＣビル群は七つのビルから成り、その中に一一〇階建ての北及び南タワーが含まれていて、通常、約五万人の人が各タワーに働いているとされているのですが、事件の日には幸い〝満員〟ではなく、事件のあった朝は各タワーには五〜七〇〇〇人の人が働いていたのではないかとされています。

ところでテロ攻撃後、両タワーではそれぞれ在館者の避難が行われたのですが、ビルの管理者側としては最初何が起きたのか分からず、組織だった適切な避難誘導等はまったく行われなかったのです。このため北タワーでは次のような悲劇が起きました。『人はなぜ逃げ遅れるのか』（広瀬弘忠、集英社新書〇四年、一八頁）では次のように述べられています。

……ホーイ「私は六四階にいます。私と一緒に二十人ほどいます」

巡査部長「了解」

ホーイ「どうしたらいいでしょう。じっとしていた方が？」

巡査部長「じっとしていてください。あなたのところに火は出ていますか」

ホーイ「いいえ。床の上に煙が少しばかり」

巡査部長「注意してください。非常階段のそばにいて、警官が上がってくるのを待ってください」

ホーイ「警官はいったい上がってくるのですかね？　分かりました。彼等は一階一階調べるのですか。私たちがここにいることを伝えてくれると助かるのですが――」

巡査部長「分かりました」

このようにしてほぼ一時間が空費された。ホーイは再び電話する。

ホーイ「煙がどんどんひどくなってきた。階段を降りようと思っているのですが、分かりますか」

巡査部長「ハイ、脱出を図ってください」

ホーイ「了解、バイ」。

一六人は一〇時八分に階段を降り始めた……。

同書によると、ホーイというのは、北タワーの六四階に事務所のあった港湾機構の部長であり、巡査部長というのは緊急対策本部の警察官とされています。北タワーが崩壊したのは午前一〇時二八分ですから、脱出は間に合わず、一六人中ホーイを含め一四人が死んだのです。一時間二二分も余裕があったのですから、事件発生と同時に避難しておれば、悠々とセーフだったのです。

炎を噴き出す世界貿易センタービル

人々は絶叫しながら走りだした

頼るのは自己の判断　もっとも別の資料によると、北タワーで事件発生と同時若しくは間もなく避難を始めたのは、在館者の約六〇%近くで、他の四〇%

はかなり遅れて避難しているのですから（ＮＦＰＡ「九・一一におけるＷＴＣの避難・生還者の体験談の分析中間報告書」）、このホーイ氏のみを責めるのは酷かもしれません。しかし、生還者の二人の話によれば、一六人は会議室に集まって一時間近く状況の討議を行っていたということですが、いったい何を討議していたのでしょう。別にショックを受けて動けないという状態でもなかったということですから、ますます不思議という他ありません。

ただ一つ言えることは、高層ビルで火災等の事故が発生した場合、全階で在館者が一斉避難すると、階段室がたちまち避難者で飽和し、それこそパニックになるので、米国では最近まで、「その場で一時待機」して、その後の防災センターの指示を待つというのが、避難の原則として指導されていたようです。もし、そうだとすると必ずしもホーイ氏に落ち度はなく、むしろ問題は一時間近くも避難を引っ張った緊急対策本部の巡査部長にあることになります。もっと言えば、この対策本部そのものがパニック状態だったのでしょう。

しかし、一瞬の緊急時の死活に係わる問題で、彼我の責任の有無をあれこれ口にしても、何の益もないのですから、自分が助かろうと思うのであれば、自己の判断・決心に頼る他ありません。両タワーを通して言えることは、素早い決断、そして、避難が早ければ、早いほど安全に避難していることは確かです。このことは次に示す二、三の事例が教えています。

② 非常放送に「バカ抜かすナ！」

避難中に「安全放送」『マンハッタン、九月一一日―生還者たちの証言』（ディーン・Ｅ・マーフィー、村上由美子訳、中央公論社〇二年）には、両タワーにおける生還者たちの証言が生々しく収録されているのですが、中でも注目すべきは、避難中、非常放送で「このビルは安全」と放送されたにもかかわらず、これを無視して避難した人々だけが生還していることです。他に同調せず、自己の信念に基づいて避難を開始した人だけが生き延びているのです。天は自ら助く者を助くということなのでしょう。まさに生死は紙一重のところにあります。

ティーブン・ミラー（南タワー、八〇階）の話

……あの朝八時四五分、ガーンという音が聞こえたときも、おやっと聞き耳を立てた程度でした。それから「爆弾だ、外へ出ろ！」と言う声が飛び交った。一九九三年の教訓は、すぐさま適切な行動をとれば生きて脱出できるというものでした。さっさと避難した。みんなと階段を降りて行きました。非常用の明かりがついているのはラッキーでした。

五五階あたりで列は完全にストップし、動かなくなった。フロアは大手貿易会社のオフィスのようでした。僕はフロアに入って妻に電話しトイレに行った。そのとき、館内アナウンスが流れたんです。「火災が発生したけれど、心配はないからオフィスに戻っても安全だ。そのまま避難するか、オフィスに戻るかは各人の自由だ」。

社の日本人上司四人は直ちにオフィスに戻ると言っていた。みんなエレベーターに乗ろうと階段からフロアへぞろぞろ流れていった。エレベーターが到着してドアが開きました。上階行きでした。すぐ人が乗り込んでいっぱいになった。ところが僕はどうしてもその箱に入る気になれなかったんです。僕はウォータゲート事件時代に青春を送ったもんで、権威を疑うくせがついているんです。

二機目が南タワーに突っ込んで来たときは、まだ五五階にいたんです。すぐさま階段へ向かうと、ものすごい人で階段はごったがえしていました。ユニホームの人に他に階段はないのかと聞くと、違う階段に連れていかれた。さっきの階段より狭かったが何と下まで降りることができた……。

パトリック・マクネリス（南タワー、八四階）の話

……北タワーに飛行機が突っ込んだとき、僕は窓の側に座っていました。窓の外では一面に紙が舞っていました。そのとき、二人の人間が落下して行くのが見えたんです。北タワーは切り裂かれたように巨大な穴が開いていた。バッグを引っ掴み、ウオークマンと水のボトルとドリンクを投げ入れ、「よし、行くぞ」と声を出しました。エレベーターに乗るのはあまりにも危険過ぎる。階段は三カ所あって、僕の向かった方は混雑していたけど、整然と進んでいた。館内放送が聞こえてきたのは五〇階あたりに来たときです。ビルの中にいなさい。オフィスに戻りなさい。安全です。事故はあっちのビルです――。当局がみんなを外に出したくなかったのは、上から次々と瓦礫が落ちていたからでしょう。でも階段にいた殆どの連中は「バカ抜かすナ、オレたちゃこのまま降りるからな」とみんなの意見は一致していました。僕も落下していった二人の姿を思い出して、ビルを出る決意を固めました。もし、上に戻ろうものなら、あの二人のようになるぞ。僕はイの一番に下に降りてやると……。

この南タワーの非常放送はだいたい午前九時頃に行われたようですが、ほぼ在館者の五二％程度の人がこれを聞き、そのうち七二％の人は放送に従わず、下に降りて生還しています（前出ＮＦＰＡ調査）。現在までのところ、この非常放送の適否についてのコメントは見当たらないようですが、この状況において正確な南タワーのその後の展開を予想することは不可能だったはずなのですから、誰しもその責任を問い得ないということではないでしょうか。生還者もあくまで〝自己責任〟に基づいて行動しているのです。

(三) 素早く平素の自分を取り戻す！

①「きっかけ」を掴む

警察官の事例 さて最後に、パニック状態から自分自身を、素早く取り戻す簡単な方法を考えておきましょう。『イザというとき、どう逃げるか』(安倍北夫、日本損害保険協会七三年、五四頁)では、次のような新潟地震(昭和三九年六月一六日、震度五死者二九人)の際の、興味深い話が紹介されています。

「ある非番で休んでいた警察官が語ってくれた。この警官は……(下宿の)四畳半の真ん中がパックリ割れてそこから土砂流が噴出し、部屋の外へ跳ね飛ばされた人である。彼は無我夢中で這いずりながら部屋の戸口に来て、ふと、そこの壁にかけてあった警官の制服が、バサラバサラと揺れはためいているのを目に捉えたのである。ハッとした。『自分は警官なのだ。この異常な天災にこそ警察官として立ち向かわなければならぬ』と反射的に思った。そこで落ちかかる制服をひっかけ、表に転び出た」。そして、この警察官は近所の人を集め、津波を避けるために高台に避難を始めたというのです。

覚醒のきっかけ 既に我々は、平素の大脳の状態や、それから一転して緊急異常時になった場合の、大脳の意識レベル(四五頁参照)が、およそどのようになるかを知っています。この警官は睡眠状態(意識レベルがフェーズ0)の状態から、突然、大地震のすさまじい揺れに、たちまち意識レベルはフェーズⅣとなり、大脳の旧皮質が優先的に働いて、理性の働きを押さえつけて、パニック状態となったのですから、意識は一点に集中、判断停止状態に陥ったのです。だから、ただただ、部屋の中で言いずり回っていたという行動しかとれなかったのでしょう。
しかし、その彼の目に飛び込んできたのが揺れる〝制服〟だったのです。これが彼の大脳の新皮質を覚醒させる〝きっかけ〟になったのです。理性が戻ればもちろん正常人間です。直ちに彼が避難誘導に走ったのは当然と言うべきです。ところで、なるほどこの警察官は揺れる制服を見て我に返ることができたのですが、その前にもう一つ大事なことは、彼に強力な職業意識―警察官である―が働いて、それが〝きっかけ〟になったことは確かです。ちゃらんぽらんの人間では、仮に、制服の揺れを見ても何の感動も起きなかったのではないでしょうか。そうすると大切な事は、人間の意思機能が宿るとされる大脳の新皮質をいかに平素から鍛えるかということになりそうです。問題はその方法です。次のような説明があります。

新皮質の機能　「新皮質（ヒトの脳）のハードウェアはまことに高性能であり、脳幹や旧皮質をパソコン並みの機能とするなら、この脳は第五世代コンピュータを遙かに凌ぐ機能を備えていると言ってよいでしょう。ただ、残念なことに、この新皮質は先天的にはソフトウェアがゼロの状態であり、生後、どういう情報をインプットするかによって、その機能の精度が測られる宿命にある」（永田勝太郎『脳の革命』詳伝社九二年、五二頁）。
つまり、どのようなソフトウェアを入れるかによって、職業意識の強固さ、責任感の強さも変わってくるのですから、例えば、防火管理関係者に限って言えば、その職業意識等を確乎たるものにするには、良質の防火管理関係ソフトウェアを新皮質に入れなければないないことになります。しかし、映画のロボコックと異なり、頭脳の入れ替えはできないのですから、良質な防火訓練や高度の防火知識についての教育研修を繰り返し実施する他ありません。

かつての大規模火災事件では、多かれ少なかれ防火管理関係者のパニックによって、初期消火や通報、避難誘導等が適切に行われず、被害を大きくしていったことは、既に何例かを挙げて説明したところですが、仮に、彼等の大脳の新皮質に右のような良質の防火管理関係のソフトウェアが、しっかりと組み込まれていたら、あれほど相次いで大きな火災事件は起きなかったかもしれないのです。

②「きっかけ」づくりのいろいろ

指差呼称　人間が先史時代から生き延びて来られたのは、ビックリ人間であったからだというのは既に述べたところですが、その意味では誰でもビックリし、パニックになるのですから、これは少しも恥ずべきことではありません。問題はどれだけ早く常態に戻れるかということです。そのためには平素からその対策を講じておく必要があるのですが、イザというとき、指差呼称をするというのも有効な方法です。

通常、指差呼称というのは、忘れるのを防止するため、つまり、大脳に深く記憶を印象づるた目の確認動作でもあるのですが、これは同時にパニック防止対策でもあるのです。例えば、防災センターに勤務していて、突然、火災警報が鳴り出すと、特に一人勤務の監視員などは、往々にしてパニックになりやすく、警報の発報場所さえ間違うということが多々あるのですが、このようなとき、無意識に大声で警報盤を指さしながら、「……警報発報」と呼称すると、大声を出すことによって大脳が刺激され、新皮質が覚醒することがあるのです。これは経験的にも言えるので、是非実行してほしいものです。

確認・復唱　確認・復唱によってパニック状態から脱却できるのは指差呼称の場合とまったく同じです。

例えば、防火管理者はパニックになっていなかったとしても、指示を受ける他の防火管理関係者がパニックになっているかもしれません。そのような場合、確認・復唱させることによって、確実に指示・命令が理解されているかどうか明確になります。火災は滅多にない事故であるだけに、その情報のやりとりにエラーが忍び込む余地は多分にあるのですから、それだけに確実を期す必要があります。万が一、パニック状態で情報伝達で間違ったとすれば、取り返しがつきません。

深呼吸　異常事態でなくとも、上司から叱責されたときなど、自然と呼吸は浅くなり、脈拍も早くなっています。さらにこれが真火災の発生ともなれば、パニック発生は必定です。こんな時に「一息」入れることが非常に大切です。これが深呼吸の効果です。

深呼吸によって、二〇〇〇cc～三〇〇〇ccの空気が肺の中に入り、血液に豊富な酸素が供給されることによって、体の疲労を軽減するとともに、大脳も刺激を受けて活発に働くようになるからです。自分で大脳の意識レベルがⅣだと思えば、思いっ切り伸びをして、深呼吸を数回することによって、たちまち、意識レベルⅢの冷静な、いつものあなたを取り返しているかもしれません。

③　繰り返し訓練の重要性

短絡回路　パニック対策として最後に重要なのは繰り返し訓練です。次頁の図を見てください。人間がどのようにして情報処理をしているかを示したものですが、提唱者の名をとって黒田モデルと言われています（黒田勲『ヒューマン・ファクターを探る』中央労働災害防止協会八八年、一四八頁）。

通常、人間は五感（視覚、聴覚、味覚、臭覚及び触覚）からの情報によって、判断し、決心しそれを行動に移しているのですが、この通常の回路と異なるルート（図の短絡回路）によって、人間は日常の行動を無意識に行っている場合が多いのです。つまり、中枢処理システムを通らずに、バイパス回路を通っていきなり行動に移れるのです。人間の日常行動の約九〇％近くがこの短絡行動―熟練者行動―とされています。ごく自然に行動が行われているので、これらは強く記憶されることはないのですが、時にはそれがマンネリ化して大失敗することもないではありません。ところが人間がパニック状態になったとき、この短絡回路が見事な働きをするのです。

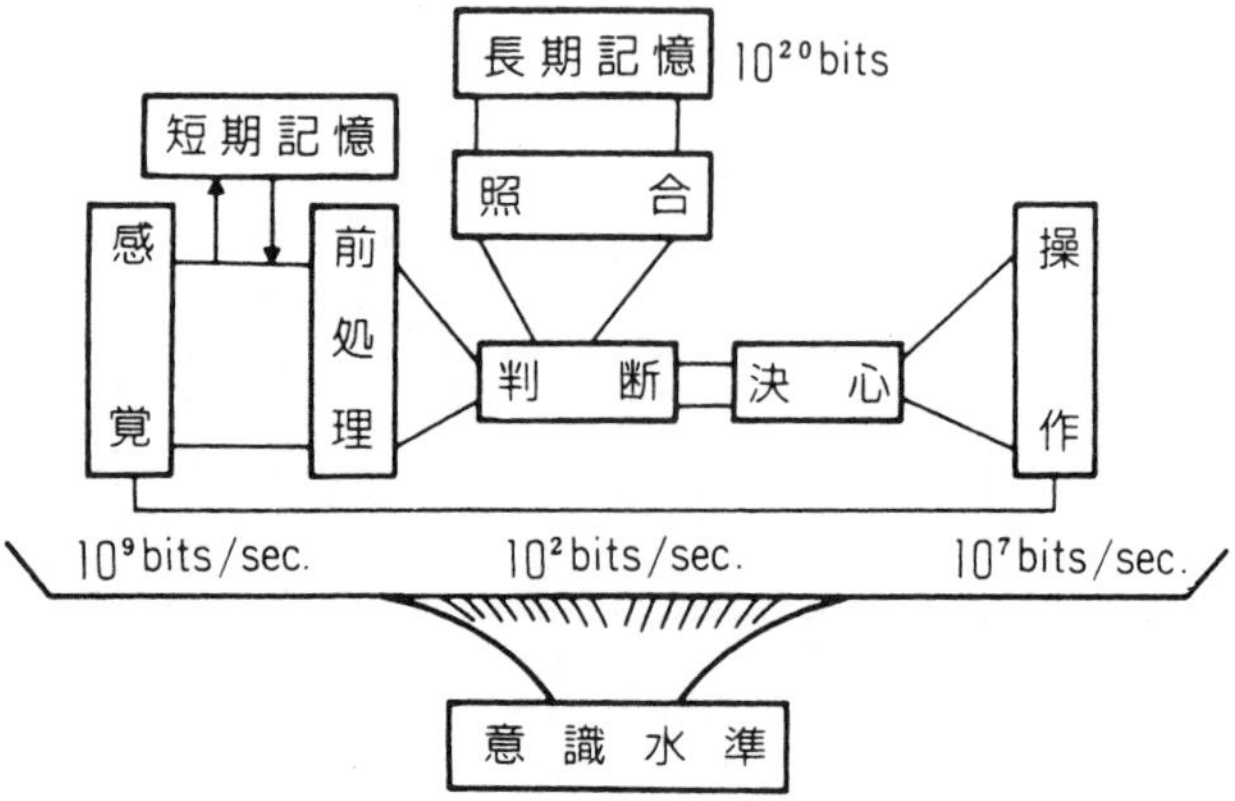

黒田モデル

緊急時に有用　つまり、火災とか地震といった緊急時には外からの情報量が急激に増えるのですが、大脳の意識レベルがフェーズⅣ近くになると、この情報処理が極端に落ち込み、最悪の場合は判断停止といったパニック状態になります。しかし、判断停止しているのは通常の中枢回路のみであって、短絡回路はなお生きているのです。ここを通らずとも、情報は短絡回路を通って行動と結びつけられるから、手足は自然とその情報に応じた動きをすることは可能なのです。

従って、これを火災に即して言えば、防火管理関係者が仮にパニック状態となって、判断ができなくなったとしても、平素から訓練さえしておれば、体は自然と反応するのです。例えば、本人はパニックになったとしても、体は無意識で消火器を持ち出して消火し、必要な部署に連絡をし、必要な行動をとることができるのです。昔から「体で覚えよ」とか、「習うより慣れろ」とはこのことを指しています。つまり、訓練の精度というのは、無意識で体が動けるようになるまで、繰り返し、繰り返し訓練をしなければならないのです。これがパニックを防ぐ最も有効な手段の一つです。

逆に言えば、ここまで訓練を積めば、何が起きても少々のことでは驚くことはなく、それがかえって大きな自信となって、そもそもパニックを起こす理由がなくなるということにもなります。要するに、パニック対策とは大いなる自信を持つことなのです。

おわりに

本書ではいろいろなパニックの事例を紹介しました。特に最近米国のシカゴ市で発生したナイトクラブ〝E2〟のパニック事例では、女性同士の喧嘩（パンチの応酬や刃物が飛び交ったり）で、やや派手だったようですが、止めに入った配備員の使用した刺激性のスプレーが原因で大パニックが発生し、それによって二一人もの人が死亡するなど、実に簡単にパニックが発生し、そして多数の人が死傷するのには一驚させられました。

それだけに、『人はなぜ逃げ遅れるのか―災害の心理学―』（広瀬弘忠、集英社新書〇四年）の冒頭の設問、

①　地震や火事に巻き込まれると、多くの人びとはパニックになる。

②　地震や火事に巻き込まれても、多くの人びとはパニックにならない。

正解は②である。というのには心底驚きました。ここは①が正解なのではないでしょうか。

少なくとも本書で取りあげたような事例を見る限り、地震や火事に巻き込まれると、多くの人はパニックになると思うのです。現に、「九・一一」の世界貿易センタービルでは、避難の際に大規模パニックこそ起こしていませんが（これは当日の在館者が平日の十分の一程度であったことにもよるのでしょう）、結構、地階の回転ドアないしエスカレーター付近では小パニックが発生しているようですし、他の上階でも部分部分では小パニック状態もあったようですから、決してパニックを甘く見てはいけないように思います。

確かに、右著者らが指摘するように、何か群衆事故があれば、直ちにパニックを口実にし、真の犯人探し

おわりに

を怠けようとするのは、真の問題点を糊塗しようとするものであるというのは、おそらく、そのとおりでしょう。筆者もいささかも反対するものではありません。しかし、だからと言って、現実に発生する危険性のあるパニック事故を軽視するのも、また、正しいとは言えないように思うのです。少なくとも、火災や地震の際には、人はパニックに巻き込まれるおそれが高いから、平素からその対策はしっかりとしておこうというのが市民社会の常識なのではないでしょうか。読者のみなさんはどう考えられるのでしょう。

折りもおり、本文でも取りあげたように兵庫県尼崎市でJR福知山線の快速電車が脱線・転覆し、多数の死者が発生するという悲惨な事故が起きました。このような事故の場合、何を措いても実行しなければならないのは、対向及び後続列車への緊急停止信号の発報であるはずなのですが、乗務中の車掌はこの防護無線の操作を全く行っていなかったと言われているようです。

ただ、防護無線のボタンを押すだけの簡単な行為が実行できなかったのはなぜか？ 考えられる原因はただ一つ、おそらく事故のあまりの凄絶さにパニックになったのに違いありません。正常な判断能力を失い、思考停止状態だったのでしょう。しかし、その間にも対向及び後続列車は、事故現場にかなりのスピードで迫りつつあったのです。偶然、事故現場近くの踏切の特殊発光信号機が作動したため、危うく多重衝突事故は免れたのですが、人間がパニックになるというのは、このような大事故の発生と常に背中合わせになっているのです。このことは防火管理についても同様です。このために「パニック」を重視しなければならないのです。

平成一七年初夏

著者　森本　宏

小冊子シリーズ「近代消防ブックレット」の刊行にあたって

20世紀はめざましい科学や技術の進歩により、わたしたちの生活を日々刻々と変革しました。核の融合は自由に人間の制御するところとなり、インターネットによる情報は全世界を瞬時に駆けめぐり、ヒトゲノムの研究により遺伝情報解析でエイズ等難病はやがて難病でなくなる日も近づいていますが、20世紀をささえたシステムが行きづまり、いろいろなところで危機的状況を迎えています。

21世紀は、こうした進歩のもたらすものを、単に受け入れるだけであっては、理想的な社会を作り出すことはできません。必要なことは、日々新しい現実を常に新たな基礎としてふまえ、その上に創造性に富んだ、人間本位の社会を造ることが必要でしょう。

それこそ、国民一人ひとりが想像力を発揮し、積極的に生きがいを求めていく社会にほかなりません。そこで追求されるのは経済的な豊かさだけでなく、本質的な人間性の尊重から、科学や技術は調和ある安全な都市や健康の増進、公害の撲滅そして自然との共生といった方面に、前向きに駆使されていくことであり、芸術も宗教も科学と調和し、融合していくこととなりましょう。

しかし、そのためには、最新の成果が国民一人ひとりのものとして公開されていくことが前提となります。知識や情報が特定の人間のものであった時代、あるいは偏った情報ばかりが誇大に伝えられた時代は、人々にとって不幸な時代といわなければなりません。情報はその量より質に重きがおかれなければならず、利潤の追求は常に社会的使命に付随したものでなければならないことを改めて自覚する次第です。

本シリーズが、たゆまぬ変化、多様な選択が求められる時代に、柔軟に対応しうる知性の糧となり人間本位の社会が創造されることを願ってやみません。

●著者紹介

森本　宏（もりもと・ひろし）

一九三〇年、神戸市に生まれる。
一九五四年　関西大学法学部卒業
一九五五年　神戸市消防吏員
一九七八年　神戸市消防局査察課長
一九八二年　神戸市北消防署長
一九八五年　神戸市葺合消防署長
一九九六年　神戸女子短期大学非常勤講師
二〇〇一年　三月退職

著書　「判例からみた防火管理責任論」、「判例からみた消防行政責任論」、「気くばり防火管理のすすめ」、「続・気くばり防火管理のすすめ」、「ファイヤー・シミュレーション・ブック」①病院火災、②ホテル・旅館火災、③デパート火災、「マンガ防火管理入門」、「防火管理とヒューマン・エラー」、「〝危険犯〟の考え方」、「新しい防火管理」「あなたは〝名宛人〟を間違えている！」「違反処理に自信を持とう！」「火災教訓が風化している！(1)(2)(3)」、「続・消防行政の法律問題」